# 蒋介石之谜

黑马 著

时代出版传媒股份有限公司
安徽文艺出版社

中国铁道出版社

图书在版编目（CIP）数据

蒋介石之谜 / 黑马著. — 合肥：安徽文艺出版社；北京：中国铁道出版社，2016.4
ISBN 978-7-5396-5573-4

Ⅰ.①蒋… Ⅱ.①黑… Ⅲ.①蒋介石（1887～1975）—传记 Ⅳ.①K827=7

中国版本图书馆 CIP 数据核字(2015)第 258309 号

| 书　　名： | 蒋介石之谜 |
|---|---|
| 作　　者： | 黑　马　著 |

| 策　　划： | 田　军　岑杰 | |
|---|---|---|
| 责任编辑： | 宋晓津　郝玉敏 | 编辑部电话：010-51873064 |
| 封面设计： | 刘永伟 | |
| 责任校对： | 王　杰 | |
| 责任印制： | 赵星辰 | |

| 出版发行： | 安徽文艺出版社　（230071，安徽省合肥市翡翠路 1118 号） |
|---|---|
| | 中国铁道出版社　（100054，北京市西城区右安门西街 8 号） |
| 网　　址： | http://www.awpub.com　http://www.tdpress.com |
| 印　　刷： | 三河市宏盛印务有限公司 |
| 版　　次： | 2016 年 4 月　第 1 版　2016 年 4 月　第 1 次印刷 |
| 开　　本： | 787 mm× 1092 mm　1/16　印张：9　字数：250 千 |
| 印　　数： | 1～10000 册 |
| 书　　号： | ISBN 978-7-5396-5573-4 |
| 定　　价： | 15.00 元 |

**版权所有　侵权必究**

凡购买铁道版图书，如有印制质量问题，请与本社读者服务部联系调换。电话：（010）51873174
打击盗版举报电话：（010）51873659，

# 目 录

第一章　**家庭身世之谜** 001
　　蒋介石出身的 N 种传说 001
　　蒋介石的母亲是否改嫁之谜 004
　　蒋家祖先究竟是什么人 008
　　祖父为什么不愿当农民 010
　　蒋介石母亲是如何嫁入蒋家的 011
　　算命先生的预言能信吗 013
　　为什么父母不同穴而葬 015

第二章　**妻妾生活之谜** 018
　　蒋介石的第一位夫人之谜 018
　　揭开夫妻生活真相 022
　　蒋毛协议离婚秘闻 025
　　蒋介石的第二位夫人之谜 027
　　与妻妾脱离关系之谜 034
　　蒋介石的第三位夫人之谜 037
　　是谁抢占了陈洁如的位子 042

第三章　**蒋宋联姻之谜** 048
　　誓娶宋家三小姐之谜 048
　　为什么宋家会有两种态度 050
　　求婚过程中的秘闻 052
　　是谁软禁了第一夫人 056
　　结婚三年后才接受基督教洗礼 058

第四章　**养子关系之谜** 060
　　蒋纬国的亲生父母是谁 060
　　为什么会有不同版本的传说 061
　　兄弟关系若即若离之谜 063
　　为母亲秘办丧事之谜 065
　　蒋纬国升级"上将"之谜 067

第五章　**管人用人之谜** 068
　　为什么要拿韩复榘开刀 068
　　为什么要杀兵役署长 072
　　为什么没有杀张学良 073
　　白崇禧死亡真相 075
　　蒋介石与张治中的恩怨 078
　　徐恩曾失宠之谜 083

## 第六章 玩弄权术之谜 087

境外追杀汪精卫之谜 087
选举总统真相 092
与戴笠的关系之谜 094
明升暗降治龙云的真相 097
与李宗仁较量的秘闻 101
秘密杀害杨虎城经过 106
他是怎样离开大陆的 107

## 第七章 生活轶事之谜 110

他平时都吃什么 110
蒋介石的衣着准则 112
他真的是秃头吗 114
他一生最爱读什么书 115
他也是一个爱钱的人吗 116

## 第八章 "反攻大陆"之谜 119

"反攻大陆"内幕 119
抗拒美国人的分裂阴谋 120
谁搞"台独"就干掉谁 122
扶持儿子掌权 127
"湖口兵变"之谜 129

## 第九章 晚年从政之谜 132

虔诚的基督教徒 132
事必躬亲的工作作风 133
公开露面的真相 135
揭开死亡真相 137

# 第一章 家庭身世之谜

DIYIZHANG JIATINGSHENSHI ZHIMI

## 蒋介石出身的 N 种传说

细心研究中国历史，凡是创下功绩的人物，其身世等情况会无密可保，世人皆知。

说来也怪，曾在政治舞台上扮演着举足轻重角色的蒋介石，其身世却迷雾颇多，成了一大谜团。

据曾在蒋介石身边工作多年的知情者透露，蒋介石本人生前的确不愿谈这些事。

这是为什么呢？主要是因为他的生母王采玉是孀居后再嫁。蒋介石是孝子，他深深地爱着母亲，当然不愿披露母亲曾经再嫁的经历。正是由于这个原因，在他生前或死后才出现了一些有关其身世的不同版本的传闻。

在这些民间传闻中，人们最为关注的就是"郑三发子"之说。这种传说出于唐人所著《金陵春梦》一书。书中描写蒋介石的生父姓郑，共有兄弟三人，蒋介石排行第三，故名"郑三发子"。他的母亲早年带着他嫁给浙江奉化人蒋肇聪，后来"郑三发子"改姓更名为蒋中正。

这一说法引起了极大的争议。虽说蒋介石是一个反共人物，但有关他身世的事关系到历史真实性的问题。笔者曾采访过一位曾在中央领导身边工作的老同志，他无意中透露了一个细节：当年《金陵春梦》在香港出版后，书中关于蒋介石身世的传说引起了周恩来总理的关注，于是他便派有关专家调查此事。

史学家的考证结果是：蒋介石祖籍浙江奉化，传说中的河南"郑三发子"查无实据。限于当时的局势，周总理没有公开披露这个调查结果，知道这件事的人当然就很有限了。

那么，为什么有传言说蒋介石是河南人呢？关于这件事，真还是有一些线索的。当年有一个叫郑绍发的河南许州繁城镇后郑庄农民，曾在抗战后期来到重庆，自

称是"郑三发子"(蒋委员长)的大哥,前来相认。这的确是事实,沈醉先生在《我所知道的戴笠》中曾这样写道:

当时在重庆曾经闹得满城风雨,许多人都听到过的一件新闻:蒋介石的亲哥哥郑绍发从河南家乡到重庆找蒋介石,而蒋介石不认亲兄的事便是由戴笠一手来替他处理的。蒋介石随母下嫁到蒋家当"拖油瓶"之前,他母亲所生的大儿子仍然留在河南郑家。几十年后,他的大哥弄清了这一底细,想到重庆见见这位当了委员长的同胞弟弟,叙一下骨肉之情。蒋介石哪肯承认有一个异姓的乡下人是自己的亲哥哥,不但不接见,还叫戴笠来替他处理这一件"冒充领袖亲兄案"。戴笠派特务把这个老头抓去亲自进行了一番询问,看面相、身材,完全像是一母所生,他所答的一切都有根有据。这样,当然不敢公开严办,而一向标榜奉母至孝的蒋介石,也不便无端地叫部下杀害骨肉。最后只好听从戴笠贡献的两全之策,将这位大哥交戴笠软禁在军统局望龙门两湖会馆的看守所里,不久又移住在磁器口丝厂,不准外人和他接近,免得被外国记者知道了宣扬出去。我多次去看过这个老头,他一谈起这件事,便滔滔不绝地叫冤,希望蒋介石不承认就算了,快点让他回家去。以后戴笠便禁止军统特务去和这个人谈话,怕不留心传出来,便把他送往息烽软禁了几年。抗战胜利后,还是把他送回去了……

这是怎么回事呢?河南的这个郑氏农民的故事是真的吗?还是让我们来看看2003年《台湾周刊》第41期刊登的文章吧:

中国第二历史档案馆(南京)机关刊物《民国档案》1994年第1期公布了1946年和1948年郑发(又名郑绍发,亦即所谓"郑三发子")给蒋介石的两封信。信是从国民党政府遗弃在南京的旧档案中发掘出来的。这两封信有助于印证郑三发子不是蒋介石,而是另有其人,并可佐证他与蒋介石的真正关系。

第一封信标明的国民党政府收文日期是1946年12月13日,收文编号为"京府字第15517号",标题为"续函为曾于福安馆内同学分别来京晋谒无门";该信信封标明"蒋主席亲启",落款为"本市(南京市)升州路糯米巷15号郑发呈"。

该信正文为:

主席钧鉴:

敬禀者。窃郑发62岁,原籍河南许昌灵沟镇,于清光绪二十五年(1899)曾在开封郑老师福安馆内求学时与主席系属同学,别后数十年,始终不克一晤。至民国十八年(1929)秋,并蒙主席召见,因发离家未遇,殊觉怅然。发分别来京晋谒无门。

同学敬请

崇安！

民人　郑发拜启

第二封信所标收文日期为1948年6月2日，收文编号为"总字第326号"，标题为"为因战乱逃奔至京（南京）避险恳求恩准召见以解数十年渴望"，信封标明"总统府文官处吴秘书长鼎昌转呈大总统钧启"，落款为"南京升州路糯米巷16号郑缄"。

该信正文为：

大总统钧鉴：

敬禀者。窃郑发64岁，原籍河南许昌灵沟镇，于清光绪二十五年，曾于开封郑老师馆内求学时与总座同学，别后数十年始终未克一晤。至三十五年（1946），发奔至南京，蒙总统派吴秘书长鼎昌召见，心感莫忘。发今再来京，因许昌战乱……迫不得已，发不顾生死星夜奔至南京以避危险，专呈一函恳求总座恩准召见，解数十年渴望，幸得一见，感戴之至。

肃此

敬请崇安！

步兵少校郑发鞠躬
5月23日

这两封信可以澄清郑发与蒋介石的关系：这说明"郑三发子"不是蒋介石本人，也不是蒋介石的哥哥。据知情者说，蒋介石对郑发很反感，他在重庆以蒋的"兄长"自称，加之其相貌身材酷似蒋介石，弄得满城风雨。据悉蒋介石的侍从人员奉命送过金钱，劝他回乡。郑发得寸进尺，仍纠缠不休，后被特务头子戴笠诱至贵州息烽集中营软禁，抗战胜利才被释放回乡。目前在台的河南同乡中尚有当年奉命接济郑发的人，"迄今仍信郑发为蒋介石之兄"，认为"否则为何蒋要予以接济？"。所以，民间一直有当年军统特务关押了蒋介石的亲哥哥的说法。

以上两信均寄于抗战胜利之后，此时戴笠已死，郑发获得自由，因没有经济来源，于是来到南京，其目的可能是请求当局救济。此时，已不再自称"兄长""胞兄"，而以"民人""步兵少校"表明其身份。

那么唐人怎么能在书中直言蒋介石就是郑三发子，是河南人呢？半个世纪过去了，2005年第11期《上海滩》杂志发表的一篇署名文章才揭开了这个迷雾。其原文如下：

冯英子是著名的老报人和杂文家。1949年5月，夏衍等人在香港创办了《周

第一章　家庭身世之谜

末报》,冯英子担任该报的总编辑兼总经理。他曾和我谈起过这样一件事情:

1949年《周末报》创刊不久,有人来投稿,说抗战时期河南曾有一个人到重庆寻找蒋介石,说蒋介石是他的弟弟,此人名叫郑二发子。蒋没有为难他,只是叫戴笠把他遣送回乡了。这就使冯英子想起他从上海到香港时,在船上认识了一位张大同先生。到香港后,他和冯英子同住在大道东的真教围,两人经常在一起大谈"山海经"。一次,张大同曾向他谈到过蒋介石幼年叫郑三发子。张大同的话,佐证了冯英子收到的那篇稿子的事。于是冯英子就在《周末报》上撰文,把郑二发子重庆寻兄的事情叙述了一遍,然后大发了一通议论。后来唐人在他的《金陵春梦》里,便直接把"郑三发子"和蒋介石画上了等号。这样一来,蒋介石究竟是奉化蒋肇聪所生,还是由河南许州(许昌)繁城镇后郑姓家的逃荒媳妇携来的郑氏之子,便成了读者感兴趣的话题。沈醉在他所写的《我所知道的戴笠》一文中,也绘声绘色地写了一通有关蒋介石的哥哥郑绍发从河南去重庆寻弟的离奇故事。其实,有关蒋介石幼年叫郑三发子的始作俑者是冯英子。所以他后来在回忆录中写道:"唐人先生那时候在《大公报》做秘书,《金陵春梦》中的这个故事,是从《周末报》上抄去的。"

我们有理由相信经过改造之后的沈醉先生的叙述是真实的,但这并不能证明唐人所说的是事实或史实。从沈醉先生的描述中只能说明当时的确有一个叫郑绍发的人自称是蒋介石的大哥,此人长得与蒋介石很像。但郑绍发是不是蒋介石大哥,就无法考证。

## 蒋介石的母亲是否改嫁之谜

蒋介石的身世之所以给后人以扑朔迷离的感觉,主要原因是他对母亲曾经再嫁的事实讳莫如深,不想让外界知道罢了。

1988年,《河南文史资料》第5辑又发表了几篇有关蒋介石家世的资料,其中有一篇署名李延朗的《关于蒋介石家世的点滴见闻》重提郑发与蒋介石是亲兄弟之说。

据李延朗说,他查阅了1936年出版的《民国十五年以前之蒋介石先生》一书,认为这本书所写蒋介石的家世较为含混,有"原名周泰,后改名介石"等语,认为好像他原来并不姓蒋。还听人说,蒋介石每年都回到奉化溪口为他母亲扫墓,总不见他对父亲如何表示孝心,也许他自知这个蒋氏并非亲父,而对亲父亲祖却又无法相认。

张仲鲁先生在《关于蒋介石家世的一些传闻》中说:"蒋介石……出生于河南许昌……1941年至1942年,河南遭受旱灾,许昌专区灾情尤重……这时蒋介石的胞兄郑发(乳名),逃荒到了重庆,他的家世才开始有所暴露。大概是在清光绪十年(1884)左右,当蒋介石才四五岁的时候,许昌县衙门有位蒋姓师爷（自称绍兴人），在当地雇了一个女仆，带着一个小孩。这个女仆就是蒋介石的母亲，这个小孩也就是蒋介石本人。不久，县官卸任，这位师爷也随其回到开封。据说，这位师爷的妻子那时已经去世，生活乏人照料，便把所雇女仆带到开封，以后就成为他的眷属，跟回浙江。这是蒋介石胞兄郑发于1942年在重庆大阳沟河南同乡会亲口对郜子举（军长、补训处长）、李肖庭（军委会参议）、蔡芷生（国民参政会参政员）等人说的。"

那么蒋介石的母亲是否真的是从河南改嫁到浙江奉化蒋家的呢？

蒋介石的父亲蒋肇聪，小名明火，在溪口经商的老人都叫他明火。他精明能

蒋介石生母王采玉旧照，上有蒋中正的亲笔题字

干,玉泰盐铺经他亲手复业后,几年工夫,就生意兴隆,家境由衰落转为小康,成为溪口镇富户。他41岁丧妻,续娶孙氏又再娶王氏,从青年时代起,就继承父业经营溪口玉泰盐铺,没有离开家乡半步,更没有去过河南当师爷,王采玉也是土生土长的奉化人,怎么能把蒋介石的身世与河南牵连上呢?

为了弄清蒋介石父亲蒋肇聪和母亲王采玉的身世,1980年秋天,老记者何国涛先生自费来到蒋介石母亲王采玉的老家葛竹村进行调查,后来他将调查结果公开发表,讲述了事实真相,现摘录如下:

葛竹村位于奉化与嵊县交界处,原为嵊县辖区,1958年划归奉化县,现为奉化县葛竹人民公社葛竹大队,公社设斑竹园,大队在葛竹村。

11月2日早晨,我走访山麓边的葛竹大队。行近葛竹,见到一座桥,过了桥才见山麓有一片村屋,有一百多户人家,以王姓占大家,杂姓只有十分之一。蒋母王采玉就出生在这个小村。

葛竹大队支部书记王伏才同志从田里回来招待我。经笔者提出要求,在访问对王采玉一家比较熟悉的人之前,先查阅一下王氏的宗谱。王伏才同志答道:"葛竹王氏宗谱,在'文革'期间上缴销毁了,大队部留下一部,已残缺不全。"我说:"残缺的也看看。"他便转身抱了三册《葛竹王氏重修宗谱》出来交给我。

《葛竹王氏重修宗谱》原有四大册,现只留下三册,其中第一册已被老鼠啃坏了半部。好在从残存的编笺中,仍可以按图索骥,查清楚蒋母王采玉的身世。

王采玉的祖父王毓庆,宗谱上说,他是清朝的迪功郎,生三子二女,长子王有则,次子王有模,幼子王有金,都是国学生。王有则曾多次应试,但没有取得功名。王毓庆收购山货,运至宁波求售,无人问津;后来转运至苏州,竟以高价脱售,因得以贩卖营利所得,在葛竹建造一所住宅。这所住宅至今尚在,虽破旧不堪,仍为有则、有模、有金所共有。这就是蒋介石幼年时每年常来的外婆家。

王有则(1820—1882)娶欢潭姚振昌之女为妻,生三子,为贤侯、贤宰、贤达。后王有则续娶姚氏,又生二子一女,按照排行,四子贤钜,五子贤裕,女即采玉。王采玉早年嫁跸趾曹家田竺某为妻,青年丧夫,再归溪口蒋肇聪为填房,她便是蒋介石的生母。可见王采玉虽先嫁竺家,但绝不是河南的郑家。

王采玉生于清同治三年(1864),在她19岁那年,其父王有则一病不起。这时,大弟贤钜才15岁,很不争气,成天赌博;小弟贤裕有点精神病,只有11岁。王有则不事生产,家道中落。王采玉做姑娘时,靠着她一双灵巧的手,做些针线女红,贴补家用,日子过得十分艰苦。不幸出嫁后夫婿病故,父又继亡,她苦守了几年,才嫁给蒋肇聪为继室,并不时救济老母幼弟。蒋介石童年时常到葛竹外婆家走亲戚,葛竹村人多能谈及这段往事。

我看过"王氏家谱"后，于午后访问57岁的王良珊。他是王采玉堂兄王贤昌的次子，是葛竹村王姓中辈分最大的一个。据他说：王贤钜、王贤裕二人虽是蒋介石的亲娘舅，蒋对他们只供给生活费用，并不信任。蒋所信任的是王有金的长子贤甲。贤甲于民国三年曾捐资在葛竹兴办凤鬻学堂，得到浙江省民政长颁发的银质奖章。贤甲有子六人：良森、良朔、良季、良和、良裕、良汉。良朔之子忠觐，留学苏联，现况不明。良汉又名震南，浙江法政专门学校毕业，是蒋介石提拔的戚党，曾任军法总监东南分监，解放前夕任上海市特刑庭长，以历年搜刮所得在葛竹建造一所规模颇大的住宅，气派有过于溪口蒋宅丰镐房。我所访问的王良珊，是王震南的堂兄弟，他在杭州任职时，常到王震南和王惜寸（征营）在杭州的住宅里去走动。

王惜寸族名时荣，按照葛竹王族贤、良、忠、时的排行说，他是小房的时字辈，为王良珊的族孙。但他曾在葛竹学堂教书，因蒋介石童年一度在凤鬻读书，故大家还是尊称他为时荣先生。他以后又在康岭办中学，担任过嵊县政府秘书。蒋介石办黄埔军校，邀王惜寸任军校秘书，北伐后王惜才被任为浙江省财政厅长。

王良鹤的继子王世和，初随蒋充勤务兵，后为黄埔军校第一期学生。1939年，王世和充任蒋介石侍卫大队长。1944年任副军长，进陆军大学将官班学习。因他嗜赌如命，常常误卯不到，蒋曾两次将他革职闲置。抗战胜利后，王世和以敲诈勒索所得，在溪口开设五泰钱庄，初聘唐瑞福为经理，后由王世和自兼，并在溪口大造住宅。

王震南、王惜寸、王世和——是葛竹村跟随蒋介石去台湾的三个母系至亲。

从王良珊家出来，我又走访了王方溥和王贤裕的孙媳妇张雅琴，继续了解王氏家世。

关于蒋介石的亲娘舅王贤钜与王贤裕，我在宁波时曾向唐瑞福老人多次探问。王贤钜、王贤裕两人的个性不同。贤裕读了几年私塾，当过小学教师。贤钜生性好赌，不务正业，似乎没有干过正当职业。他们的生活，平时靠乃姊王采玉照顾。蒋介石位居要职，按时按节提供这两位舅爷以衣暖食饱的中等生活，但从未介绍他们担任公职。唐瑞福在抗战后第二次担任丰镐房账房，其时蒋宅已无本姓主人在家，蒋经国离家时告诉唐瑞福："我不在家，别人来做客可以无须招待，只有葛竹的二位舅公来溪口时，请他们住下，多办些小菜招待他们，按时按节送钱作他们日常开销，平时要米要日用物品，都到溪口街上凭票支取。"

贤钜不常来溪口做客。贤裕则常由族人抬轿，手执拂尘，到丰镐房一住一两个月。他有点精神失常，蒋介石在抗战前，每年年底，给贤钜、贤裕各送去大洋百元。贤钜则聚以买田，历年来购置田地五六十亩，度其地主生活。贤裕不知积蓄，终日疯疯癫癫，不知所为。两人于1950年先后病死。

贤钜有二子,长子良昭,良昭之子忠泽,浙江大学政治系毕业,被蒋介石擢用为福建浦城县长,历时5年。抗战胜利后,忠泽回到浙江,调任新昌县长。贤钜的次子良穆,随蒋介石去广东充侍从副官,北伐军抵达南京,良穆贪污了一笔公款,逃回葛竹家中,蒋介石不加追究。1933年在葛竹设立武岭分校,王良穆被任为分校主任。

贤裕的独生子良辰,良辰之子忠熊,1978年病死在葛竹,张雅琴是忠熊的妻子。

在与张雅琴谈话中,她先自作介绍:她是江口前王山人,贤裕是他的太公,王家祖孙三代都有精神病,到她丈夫王忠熊时,精神病仍未断根。祖孙三代的生活,全仗姑婆(王采玉)一家接济维持。她丈夫王忠熊死时58岁,是中学程度,当年蒋经国担任江西省第四区行政专员时,带她丈夫去当出纳,以后又历任南京粮食仓库出纳、武康县政府出纳。解放前夕,由武康回到葛竹时,因张雅琴怀孕待产,未去台湾。她现在有五子一女。

谈到蒋母王采玉,张雅琴听上代长辈传说,王采玉前夫为曹家田竺某,家境尚好。竺家是从万竹搬到下畔趾曹家田的,迁居后已有五代。

王方溥是小房的子孙,他告诉我,蒋介石在抗战以前,每年清明到葛竹上王有则的坟,在王贤甲家吃饭,贤甲蓄着长胡须,办事能干,能说会道,蒋介石很重视他。

1939年贤甲死后,蒋介石来葛竹扫墓,常住在王震南新建的住宅里。王方溥又说,1949年阴历二月,有一天,蒋介石、宋美龄、蒋经国、蒋爱伦和蒋爱明,一家祖孙五人,驾着竹筏于上午十时左右到葛竹,便衣警卫人员散布街头巷尾,有三四十人之多。蒋介石一家到董家坑上坟后,在王震南家住宿一宿。

从何先生的调查结果可以看出来,蒋介石的母亲王采玉是奉化本地人,一生从来没有离开老家半步。因此,《金陵春梦》之说及后来的文章都是站不住脚的,蒋介石的母亲并不是从河南改嫁到浙江的。

## 蒋家祖先究竟是什么人

溪口是奉化一个商业比较发达的古老市镇,位于四明山南麓,生活在这里的居民以蒋、周、毛、任四大姓为主。在这四姓当中,蒋姓最多。

当你打开族谱时,就会看到蒋姓的分支非常之多,蒋氏家族奉一个出家和尚为太公。这是怎么回事呢?据说与下面这个传说有关。

民间相传在南梁时代,奉化有位名叫蒋宗霸的人,经常与岳林寺一个布袋和尚来往。蒋宗霸笃信佛教,布袋和尚就教他常念《摩诃般若波罗蜜多经》。后来,他在东乡小盘山上筑庵读经,死后就葬在弥陀寺旁。

蒋宗霸兄弟五人,后代居住在溪口的很多,溪口蒋氏子孙都知道小盘山有个"摩诃太公"的坟墓,因此,他就成了这些蒋氏后人的祖先,每年清明,他们都会来此地祭扫。

蒋介石是一个很崇拜先祖的人,后来发迹了,每次回乡探亲,都会上山祭拜摩诃居士。从这个细节来看,蒋家有许多人都信奉佛教与此人有着直接关系。

蒋宗霸这一支,如果向上再追溯,可推到东汉时期宜兴的蒋澄。当时蒋澄封函亭侯,至今在宜兴仍有蒋澄墓。蒋介石和蒋经国父子曾专程前往祭拜。

宜兴蒋氏传至五代时期,有一个叫蒋光的人在明州定居下来,生有二子,长子蒋宗拜,次子就是蒋宗霸。

蒋宗霸的后世子孙,至北宋神宗时,蒋浚明迁到奉化食孝乡三岭。

蒋浚明,字颜昭,曾官拜大理寺评事,迁尚书员外郎,因为上书谏止新法,被神宗贬谪,授无为军司户,改建康户曹,赠金紫光禄大夫。

蒋家历代祖先,以蒋浚明的"金紫光禄大夫"最为显赫。所以,蒋家祠堂的祖宗牌位即从蒋浚明供起,以示荣耀。

蒋家排行,从第25世起,依序为五言四句,即"祁斯肇周国、孝友得成章、秀明启贤达、奕世庆吉昌"。

蒋介石的祖父蒋斯千,字玉表,父亲蒋肇聪,字肃庵。蒋介石为溪口蒋家世系28世周字辈,所以他的谱名为周泰。

蒋氏在溪口的祖先究竟是从何处迁来的?关于这一问题,蒋氏后人也有不同说法,但从来没有一个定论。从蒋氏历代沿传下来的家谱记载来看,就有两种说法:一说溪口蒋姓先祖来自江苏宜兴;另一说是来自浙江宁波。

1947年,蒋介石重修家谱,便派他的秘书沙孟海去办此事。

沙先生从南京找到他的朋友冯孟颛、朱赞卿、杨菊庭三人具体来做这项工作,并向他们赠送蒋介石签名题款的照片一帧,以示恩宠。

实际工作情况是由朱赞卿提供地方志和各姓家谱类的藏书做参考,冯孟颛拟定修谱条例,杨菊庭写文章考证蒋氏始祖的来历。沙先生自己带着两个助手到宜兴查找当地蒋姓旧谱进行查对,也没有找出奉化蒋氏始祖来自宜兴的根据。

后来杨菊庭根据蒋氏旧谱内来自宁波之说,说明为四明的"竹湖蒋氏",他便在"竹湖"两字上做文章,从清初全谢山所著《湖语》书里找出"腰带湖即古之竹湖"这一说法。后来他又从《四明谈助》里查到:北宋时,有个金紫光禄大夫蒋浚明,生有二子,二人同年中进士。蒋浚明的老师丰稷就命名其家第为莲桂坊,从此竹湖就以莲桂坊而得名。

蒋浚明原籍奉化,杨菊庭以此为据,作了一篇《莲桂坊蒋氏考》,证明北宋时代的蒋浚明为溪口蒋姓的祖宗。

蒋介石重修宗谱,追溯先祖,从内心来讲很想找出几个有地位的祖先,来炫耀蒋氏门第,当他看了《莲桂坊蒋氏考》,便大加赞赏,让吴稚晖撰文镌碑,在宁波白水巷蒋氏宗祠前立石作传,奉蒋浚明为蒋氏祖宗。

从现在能查到的资料来说,蒋氏的那

个有业绩的先祖蒋浚明系宁波人。另一说，即族系先祖来自江苏宜兴之说是不靠谱的。因为年代久远，那时人们还没有修族谱的习惯，究竟溪口蒋氏家族的先祖来自何处只能是一团迷雾。

## 祖父为什么不愿当农民

研究蒋介石家世的学者都一致认为，后蒋介石走出农村去读书，接触革命思想，并成了一个左右中国历史进程的大人物，这些功劳都与他的祖父蒋斯千有直接关系。

为什么呢？还是让我们来揭开这个谜底吧！

历史学家都有许多假设，他们假设如果蒋斯千一心务农，不弃农经商，就没有后来蒋介石发迹的机会，当然在中国知道蒋介石这个名字的人也就不会太多，也许中国的历史就会重写。

一个背叛黑土地去从商的中国浙江奉化的蒋姓农民却成就了他孙子的伟业，这就是一个有思想的旧中国农民的梦想，也是一种历史。

蒋斯千，又名玉表，生于清嘉庆十九年(1814)甲戌十二月二十日，卒于清光绪二十年(1894)甲午十月二十日，从现在我们能查到的蒋氏族谱来讲，蒋斯千是溪口蒋姓26世孙。

从一些公开发表的文章中，我们可以看到蒋介石对改变他的命运的祖父是充满感激之情，他曾这样记述祖父："吾族自仕杰公迁居锦溪(溪口古名)以来，累世力勤稽事，敬重礼让，明清三百年间未有一人求通仕籍者，至公以货殖起家，生计日渐饶裕。"

虽说南方是鱼米之乡，但要发家致富，靠种田是没有多大希望的。后来，思想活跃的蒋斯千决心弃农经商，才算完全改变了蒋家的地位，这就为后来蒋介石出门求学，结交朋友，考入军校，东渡日本留学等一系列社会活动创造了经济条件。

咸丰年间，蒋斯千在溪口镇开设"玉泰盐铺"，先以酿酒、卖盐为主业，后兼营大米、面食及石灰等。蒋介石对祖父的评价是"以商业起家，而尤精于盐务，家道以之渐亨"。

同治年间，太平天国农民起义军打到奉化，战火四起，玉泰盐铺只能关门。

从这些情况来看，虽说蒋斯千是一个旧式农民，但他与一般农民的思想是不同的，他是精明的，是具有创新精神的，他深知家里要出人才，没有一定的经济基础不行，因此，便选择了经商。从后来蒋介石发迹的情况来讲，当初蒋斯千弃农从商是英明之举。

1862年10月，太平军退出奉化之后，蒋介石父亲已经长大成人，子承父业，重开盐铺，生意渐渐兴旺起来。在父子两人的操持下，几年下来玉泰盐铺的资本已达到上千银圆。店内有雇员六七人。当时，玉泰盐铺是溪口镇一大商号。

清光绪十三年(1887)乙亥九月十五日未时，蒋介石在玉泰盐铺楼上呱呱坠地，正在店堂等候消息的蒋斯千,听说儿媳妇生了男孩,喜上眉梢,便给孙儿取名:瑞元。

这个名字有吉祥之义。瑞是一种玉器,又是吉祥之意;元是开头、第一。这个名字寄托了老人的两大希望:一是盼孙子长大成器;二是盼媳妇再为蒋家生几个儿子,使蒋家人丁兴旺,后继有人。所以,瑞元就成为蒋介石出生后的第一个奶名。

蒋斯千对幼年的蒋介石影响很大,从取名、饮食、起居到入塾求学,给予了无微不至的关怀。蒋介石4岁那年的除夕之夜,大人都在忙着辞旧迎新,年夜饭准备就绪后,八仙桌上摆满了鸡鸭鱼肉。蒋介石一人爬上饭桌,拿起筷子吃鱼。当大人发现时他已昏倒过去。祖父蒋斯千急忙上前,抱起孙子一看,只见一只筷子插入喉管,堵住了呼吸道。他马上取出筷子,进行抢救,孙子才慢慢苏醒过来。

蒋介石6岁那年,祖父带他到法华庵拜佛,他生性顽皮,上山时不小心跌入山谷,右额负伤,血流不止。祖父便采来草药嚼烂之后敷在伤口上,伤很快平复。晚上回到家里,便瞒过了蒋母的眼睛。

蒋介石从小喜欢玩水,蒋家门前就是剡溪。他常溜出家门入溪嬉水,有好几次被淹,差点丧命,在这个年龄玩水成了祖父的一大心病,老人总是担惊受怕。后来,蒋斯千便提前把孙子送进镇上的学堂。

虽说这个老人与蒋介石生活的时间并不长,但却给蒋介石留下了永难磨灭的记忆。童年记忆是真诚的,蒋介石发迹后,多次在众人面前提起这位老人,也承认是这位有思想、有叛逆精神的老人改变了他的命运。他在《先祖玉表公行状》中写道:"中正少善病,公临床诊视,甚至终夕不寐,如吾母今日之抚育纬儿者。故中正疾多赖公手而得愈,至今吾母追念不能忘。"

从以上文字可以看出,这位老人对蒋介石的影响是很大的。

历史是不能假设的,如果可以假设的话,笔者可以肯定,世世代代靠种田为生的蒋斯千,如果不离开土地去从事商业活动,就没有蒋介石后来的辉煌人生。

## 蒋介石的母亲是如何嫁入蒋家的

蒋介石的母亲王采玉,浙江奉化葛竹村人。

葛竹村离溪口50多里,北依四明山,内含一湾小溪,村舍缘山势而建,错落有序。远望葛竹村,刚好坐在四明山的怀抱中,形同交椅,有"金交椅"之称。村前峰峦并列,形如笔架,有"仙笔乡"雅号。迷信风水的农村人认为,风水好的地方,一定会出贵人。

农村信风水的人很多,听说王采玉也是听了风水先生的一番胡言乱语,才同意嫁给蒋介石父亲的。

葛竹是王姓家族世代聚居之地,据《葛竹王氏宗谱》记载:明朝洪武年间,王采玉的远祖王爽从奉化连山乡迁至葛竹村落户,以稼穑为生。王家一连六代都是独子单传,人丁不旺。直到第七代子孙王庆穹,才生有四子,成为四记始祖。从此,王家人丁兴旺,王采玉属王家第三房始祖王永安的支脉。

王采玉的祖父叫王毓庆,是王永安第16代孙,曾做过清朝的"迪功郎"。王毓庆生有三子二女,长子王有则,即王采玉的父亲。王有则是一个读书之人,始终科考不第,未获功名。他先后娶过两房夫人,女方都姓姚。王采玉为王则有继妻所生。

王采玉生于1864年。她聪明伶俐,略通文墨,精于女红,是一个很有思想的女性,遗憾的是她命运不好。18岁那年,由父母做主,她嫁给了曹家田的竺某为妻。竺某家境一般,是扛长活的出身,有一副好身坯子,耕田种地是把好手。但竺某性情暴躁,因家境不好,在家里经常为生活琐事生气,与王采玉经常吵架,有时还动手打人。

曹家田离葛竹不算太远,王采玉受到丈夫打骂后便跑回娘家。

婚后第二年春天,王采玉生了一个儿子,只可惜这个儿子几个月就患急症夭折。当年秋天,曹家田一带暴发瘟疫,王采玉的丈夫竺某不幸染病而死。

王采玉丧夫不久,她的父亲又病故了。王采玉回家奔丧,眼看母亲中年孀居,自己妙龄遗孀,一门两代寡妇的现实使她万念俱灰,决定回到娘家,陪伴寡母打发岁月。

此时,乡邻们风言风语说王采玉命硬,家人是被她克死的。正是这种生存现状,才使她萌发了摆脱红尘的念头。

恰巧此时,葛竹村附近金竹庵中管理香火的一位老尼去世了。王采玉的母亲姚氏平时信佛,与这位老尼有多年交情。老尼仙去后,姚氏就叫女儿一同前往金竹庵帮助料理老尼的丧事。王采玉本来就有出家为尼的念头,遇到这个机会,便向母亲表明心态,准备入庵修行。姚氏是佛门信徒,但考虑女儿毕竟还很年轻,便不同意她落发,只准她带发修行。从此,年轻的王采玉成了一名尼姑。

王采玉是一个勤劳的人。她在金竹庵中辛勤劳作,养活自己和母亲,生活倒也闲适。在度过了两年平淡如水的生活之后,有一天,庵里来了一个算命先生,一见她,说她有富贵之相,说她日后必生贵子,晚年将贵不可言。

刚巧前几天,她的堂兄王贤东来给她介绍一门亲事。王贤东是葛竹村人,当时在溪口玉泰盐铺当账房先生。这玉泰盐铺的老板就是蒋肇聪。

蒋肇聪两年之间连续丧妻,身边的一对儿女年龄尚小,家中生活无人照顾,面对这种困境也有再娶之意。王贤东知道东家的想法后,就想到了带发修行的堂妹王采玉。

也许这真是一段姻缘,那算命先生的一番话,使王采玉的凡心又起了波澜,她的母亲姚氏当初之所以不让女儿落发出家,只准她带发修行,就是为了日后让她还俗再嫁。

王贤东是一个很会说话的人,他把蒋家的情况介绍了一番,姚氏与王采玉都认为不错,便答应了这门亲事。

1886年6月,23岁的王采玉来到了

溪口蒋家，做了当时已45岁的蒋肇聪的继室，过上了幸福生活。

## 算命先生的预言能信吗

在蒋介石没有成名之前，提起此事，也有人推测那个神秘的算命先生可能是蒋家为娶王采玉而收买的一个说客。当然，这只是推测罢了，当事人都已作古，是否得到过证实无人知道。

但自从王采玉嫁入蒋家之后，特别是生了蒋介石这个贵子之后，随着蒋介石的飞黄腾达，王采玉本人的确是过上了贵人生活，死后也贵不可言。

这些事实本身就有某些神秘色彩，后来人是无法破解的。

1887年10月31日，王采玉在玉泰盐铺的后楼顺利产下了一个男婴。当时，蒋家老太爷坐在店堂等候消息，当他得知是男孩时，非常高兴，为孙子取命"瑞元"。

王采玉和她的公公蒋斯千都信佛，都迷信算命之说。瑞元出世后，他们都认为是应了算命先生"必出贵子"之言，所以对蒋瑞元格外疼爱，把蒋氏一门"光宗耀祖"的希望完全寄托在这个孩子身上。但人的命运往往是无法预测的。嫁入蒋家之后的第八年，公公蒋斯千去世。第二年夏天，溪口一带出现瘟疫，蒋肇聪染病身亡。

王采玉的生存又遇到困难，孤儿寡母，肩上的担子很重。

蒋介石的祖父蒋斯千有两个儿子，即蒋肇海和蒋肇聪。长子蒋肇海早夭，没有孩子，蒋家的产业由蒋肇聪管理。为了使长门有后，蒋斯千生前曾将长孙蒋介卿过继在长子肇海名下，以继香火。

蒋介卿是蒋介石同父异母兄弟，父亲过世时他已20多岁，此人心胸狭窄、性情暴躁，是一个重财轻义之人。

蒋肇聪临终时早有预感，他担心自己不在人世后，这个孩子会不孝敬继母，不关爱弟妹，便多次向他交代一定要做一个孝子。实际上，蒋介石的这位同父异母的兄长并未遵照父亲的遗嘱，而是以蒋门长房长子之尊，与后母王氏发生冲突，并导致母子失和。据蒋介石回忆，父亲蒋肇聪去世之后，大哥经常为店务或家事与母亲争执不休，态度极其恶劣。为此蒋介石一直耿耿于怀，只可惜当时他还小，从体力上来说，根本无法与这个长兄较量。

1898年，蒋介卿正式提出了分家。

分家之后，蒋介卿分到了玉泰盐铺全部资产、房屋和蒋肇海名下的田产；而王采玉及其子女只分到所居祖室、二十几亩薄田和一片竹山。

可以想象，在那种情况下，王采玉靠这份产业抚养几个孩子过日子，难处自然很多。据王采玉自己说，她之所以答应蒋介卿的要求，分家析产，也不去争抢，是因为她始终坚信算命先生的话，认为蒋介石日后必成大业。

一次又一次的沉重打击落在王采玉身上，这种不幸，实在不是一般人所能承受得了的。

关于分家之事，蒋介石曾撰文说："先

青年时期的蒋介石，他身上承载了蒋家"光宗耀祖"的希望

父遗产数，尤母平析与吾兄弟三人，无稍畸倚。兄为前母生，尤用厚私。"

在王采玉逝世后，蒋介石在《哭母文》中曾也有"内在之祸"之句，就是指兄弟析产分家、后母与前子失和之事。

在王采玉最无助的日子里，王母姚氏经常来溪口陪伴女儿，"同休戚，朝夕保育而慰藉之"，这是蒋介石在回忆文章中所说的话。

分家之后，王采玉将全部心血都用在培育儿子身上，她相信算命先生的话，她希望儿子长大后能成就伟业，光耀门庭。

所幸的是王采玉晚年时，蒋介石正在成就大业，母亲也算过了一段时间母以子贵的幸福生活。遗憾的是母亲一生操劳过多，经历变故太多，从心灵上到体力上都是严重透支，以致50岁就体弱多病。

母亲病重时，蒋介石正追随孙中山闹革命，东征西讨，征战四方。据蒋介石后来对身边工作人员透露说，母亲病危之际，他曾梦到"雪满山原，一白无际"之景象，醒来之后他马上联想到这梦是一个凶兆，与母亲的身体有关，于是很有孝心的蒋介石来不及向孙中山告假便急忙往老家赶去。

他的梦竟然应验了！1921年6月14日，他的母亲王采玉因患心脏病，卒于故居，享年57岁。因为一个梦而离职回家省亲，是对不起孙中山，对不起国民革命事业，但他曾说，自己无愧的是总算赶在母亲去世之前回到老人身边，得以朝夕陪伴，尽到孝心。

从这个事例来看，蒋介石的确是一个讲究孝道的楷模，从兵败台湾之后的一些纪念活动来看，也证明了他对母亲的孝心。

母亲对孩子的影响是很大的，何况蒋介石是在那种艰难环境下长大的，这种母子之情就不难理解了。许多年之后，蒋介石在《报国与思亲》一文中曾写道："母亲深深地爱抚着我，一直就像看待婴孩一样，而其督教，却比老师还严厉。当我出门或回家，必定要查看我所携带的东西；出外旅行或寄宿必定查问我去哪里；放学归来，必定考验我的课业；日常更谆谆教导应对的礼节和刻苦自立的道理，以及督饬我亲自做用人们所做的劳苦工作，磨炼我的身心免于怠惰。母亲迟睡早起，无时无刻不在倾注她的全力，期望我这个失去父亲的孤子长大成人。"

1945年5月蒋介石又对外人说："我是在孤儿寡母的家庭中长大的，受到过很多委屈，饮泣吞声，无可申诉。母亲只有一个愿望，就是把我抚育成人。母亲的忍耐力是难以想象的，我也深受影响，我的个性就是在这种压迫环境中渐渐形成的。坚忍不拔的毅力，就是这样地锻炼出来的。"

由此可见，王采玉敢于面对生存困境的精神对蒋介石的影响有多大。

## 为什么父母不同穴而葬

关于蒋介石的身世及生母传说很多，从许多资料来看，蒋介石的父亲先后娶过三个夫人，王采玉是最后一个，的确是蒋介石的生母。

那么后来为什么蒋介石不将母亲与父亲葬在一起呢？谜底是他遵从了母亲的遗愿。

王采玉弥留之际，曾叮嘱蒋介石要在她死后做以下三件事：

其一，择地另葬，不与其父同穴。
其二，要办一所学校，培育乡里子弟。
其三，要报答王家至亲好友的恩情。

当时蒋介石望着奄奄一息的母亲，点头答应了这三件事。从他的行为来看，他发迹之后逐一实现了母亲临终时的心愿，这也说明他是尽了孝道的。

蒋介石的母亲为什么违背家乡习俗，告诉孩子不要将自己与丈夫合葬呢？这一点，蒋介石在《慈母记》中是这样解释的：他是"谨遵慈母的遗嘱，以余家之工事，重惊尔父之灵"。

这种话，蒋介石的母亲生前曾经多次提起，每次告诉蒋介石自己死后要单独葬在一处，甚至还"自置墓碑，以示其意志坚决"。

为什么她坚持不与蒋介石父亲同穴合葬？主要原因并不是怕惊动了蒋氏亡灵，因为蒋肇聪已经与前妻徐氏、续弦孙氏合葬，王采玉不愿屈居下位，不愿自己的儿子日后被人议论为后房所生，怕对儿子的前途带来不利影响。

由此可见，虽说王采玉没有多少文化，但她的确是一个伟大的母亲，爱子之心如此深厚，蒋介石深知母亲用意，因此，对于慈母的仙逝，他悲痛异于常人。在停灵期间，蒋介石每天都要抚尸大哭多次。

蒋介石没有忘记母亲的遗命，请了奉化有名的风水先生四处勘察坟地。因为蒋母生前曾表示"要葬在佛的怀抱里"，因此，最后选中了溪口北二里多的白岩山中段北面的一小块平地，据风水先生讲，这是弥勒佛的肚脐眼，是一块风水宝地。

坟穴选定之后，蒋介石每天必到白岩山监工兴建母亲坟墓。正式下葬时蒋介石亲扶母亲灵柩安葬，其参加人数之多，规格之高，创了溪口历史上的丧葬之纪录。

这时的蒋介石已任广东军界要职，是孙中山手下的"重臣"，母以子贵，所以安葬仪式相当隆重。接到蒋母去世的讣告后，孙中山麾下的党政军大员都发来唁电，闽、粤、鄂、湘、沪各地客人纷至沓来。出殡下葬时，孙中山特派陈果夫代表祭奠，戴季陶、居正等要员均亲临葬礼。为表

位于奉化溪口镇的蒋介石母亲王氏的墓地

达对母亲的孝敬,蒋介石从此发誓:不论新历旧历,凡到母亲祭日,一律不茹荤、不动气、不近色,以示对母亲寄托哀思。

1923年,为纪念蒋母60冥寿,蒋介石特在离母亲墓址约300米远的地方建筑三间新式洋房,称为慈庵。

建筑这个慈庵,因为蒋父与蒋母没有合葬一穴,把父母神主牌位合在一起,以表示双亲合拢,也可以作为蒋介石回乡时住所,以示不忘母恩。

# 第二章 妻妾生活之谜

## 蒋介石的第一位夫人之谜

1901年，年仅15岁的蒋介石遵从母命与比他大5岁的毛福梅结为夫妻，这桩婚事完全是蒋母一手包办的，也是当时中国农村，男大当婚、女大当嫁的一种真实写照。这就注定这样的婚姻是无法和谐的，两人没有感情基础，只是凑合在一起搭帮过日子罢了。

毛家是岩头村的大户人家，毛福梅出生时，家人曾请了一位算命先生，那先生开口便说毛福梅是一颗"福星"，将来"贵不可言，福寿无双"。从后来的情况看来，毛福梅虽说与蒋介石谈不上什么夫妻恩爱，但也的确是与大人物生活在一起了。走村串户的算命先生的话自然是不可信的，为了生计，说几句好话，完全是为了讨主人欢心。

嫁入蒋家之后，说毛福梅"贵"是符合事实的，她虽然被蒋介石休掉了，但并没有离开蒋家，还为蒋家生了一个掌门人，即后来成了蒋家王朝的"太子"的蒋经国。

俗话说，母以子贵，说她"贵"当然是成立的。算命人说的"福寿"二字可无从谈起了。她与蒋介石的婚姻并没有给她带来多少快乐，更谈不上什么幸福，毛福梅于1939年被日军飞机炸死，卒年57岁，这一个"寿"字也算不得"无双"。

由此可见，算命先生的话并不可信，但这些都是后话。当时，毛家的人对算命先生的"铁口真言"是深信无疑的。所以，毛福梅自幼就深得父母宠爱。当她长大成人之后，形象气质在当时的农村来说都非常出众，身材高挑，浓眉大眼，丰满迷人，是一个人人夸赞的成熟美女。因此，提亲者络绎不绝，许多人家都在打她的主意，但她的父亲毛鼎和对多年前算命先生的那番话深信不疑，一心想找一个大户人家出身的女婿。

因此，当蒋家派人来提亲时，毛福梅的父母就很高兴地答应了。毛福梅的父亲毛鼎和在岩头村亦农亦商，开有店铺，是本地的小商人。虽是一个头面人物，但和溪口相比，岩头毕竟是小地方，毛家与蒋家的情况相比，也还差了许多。如今能带来福贵的如意女婿终于出现了，他怎能不答应呢？将女儿体面地嫁给蒋家，这正是毛福梅父母的心愿。

来看，这门婚事，从操办婚礼的那一天起，就出现了许多不吉利的征兆，用农村人的说法，是蒋介石的一些行为犯了大忌，终于使这门婚事后来演变成为"夫妻不到头"的事实。蒋介石究竟犯了哪些禁忌呢？还是从他的婚礼说起吧。

蒋介石结婚那年虚岁15岁。

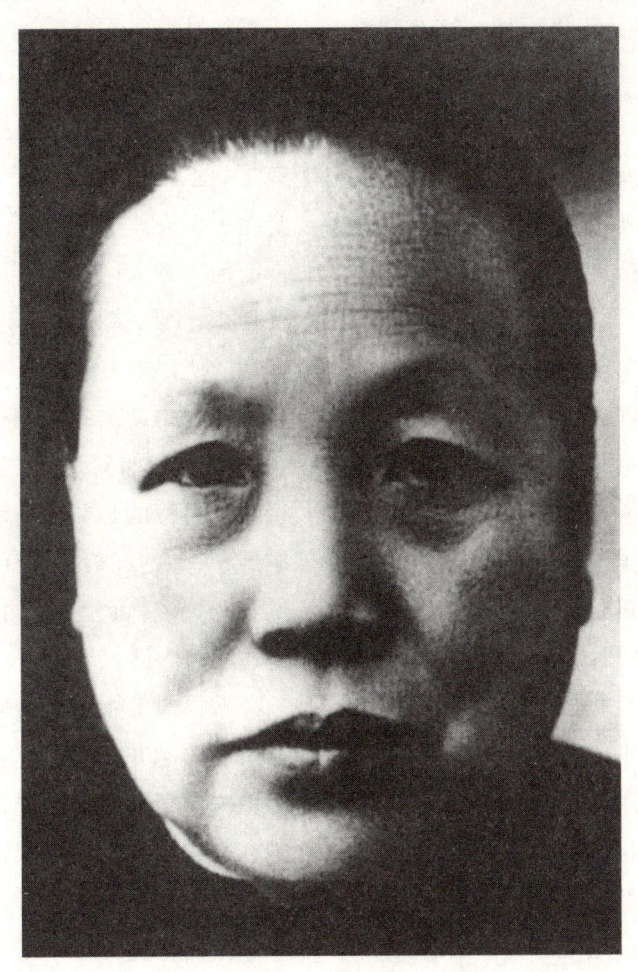

蒋介石原配夫人毛福梅旧照

蒋毛结婚本来是这两个家庭的大事，也是这两个新人幸福人生的起点，但从许多老人的回忆及一些能看到的资料记载

15岁的孩子懂得什么呢？他与毛福梅的婚事订了之后，他并没有当回事，就在家人为操办他的婚姻大事忙碌的时候，他

仍在街上和小伙伴一起玩打仗的游戏。

　　小孩玩打仗自然会落得鼻青脸肿,他成天灰头灰脸,满身泥水,使母亲伤心不已,母亲多次对他严加训斥:"瑞元呀,你马上要结婚了,这样下去怎么行,对一个男孩来说,结婚意味着什么?"

　　蒋介石不以为然,说:"婚姻就是找个女人一起睡觉,一起吃饭呀,这有什么呀!"

　　他母亲说:"不只是找个女人睡觉,这证明你已经长大成人,应该是一个懂事的男人了。你父亲死得早,留下我们孤儿寡母,这些年来,我把你抚养成人,吃了许多苦呀,希望你能为蒋家争口气呀!"

　　蒋介石是一个孝子,他知道母亲说这话的含义,他立即表态要为母亲争气,做蒋家的男子汉。但是,他毕竟还是一个孩子呀!在婚礼那天,他没有管住自己的行为,还是做出了让蒋家失体面的事。事后,许多老人认为,正是蒋介石的顽皮行为,造成了他与毛氏婚后生活的不幸。

　　婚礼那天,王采玉红光满面,神采奕奕,这位命运多舛的女人终于媳妇熬成婆了,为了证明自己十多年来的成果,她想方设法将儿子的婚事办得体面一点,按照家乡风俗,调动了一切可以调动的力量。

　　蒋、毛两家都是很讲究体面的人家,他们都希望将这门亲事办得热闹点,但这场婚礼中的主角才15岁,很顽皮,从一开始就没把结婚当回事。

　　毛家的送亲队伍进入溪口之时,溪口镇人头攒动,爆竹声声、鼓乐喧天,场面的确很大。送亲的队伍来到蒋家祠堂门前,花轿落地,一位面如桃花的伴娘,快步上前将头顶红盖头的新娘子毛福梅扶下轿,然后扶她步入喜堂。

　　新郎蒋瑞元长袍马褂,身披红花,由伴郎陪同进了喜堂。在两位傧相的挟持下,蒋瑞元强打精神,随着主婚人的指令下跪行礼。

　　礼毕,一声"新郎新娘入洞房"的话,两边搀扶着的傧相同时撤开,新郎终于解放了,他没有陪同新娘步入洞房,而是转身跑了出去。

　　他来到大门口,将自己胸前的大红花往地上一丢,大呼一声,加入到门外抢放鞭炮的伙伴中去了。

　　这一举动是人们没有料到的,在场的亲友都不知如何是好,弄得家人哭笑不得。最可怜的是新娘毛福梅,她独自坐在洞房,头上的红盖头没有人掀,她很伤心,低着头哭泣,蒋介石的姐姐只好坐在她的身边说宽心话。

　　毛福梅怎能不伤心呢?自从父母为她订婚后,她并没有见过自己的未婚夫,她心里一直猜想着自己夫君的长相及性情。她在心中猜想了大半年,好不容易盼到今天,花轿落地,新人拜堂,盼望自己的夫君亲手掀起红盖头,目睹一下这位男人是什么模样,遗憾的是自己的男人不见了,盼了大半天,听到的只是一群孩子的打闹声。

　　忙里忙外的王采玉最担心的就是儿子在亲朋好友面前出丑,她怕丢脸,结果还是出了这样的事。她坐不住了,脸色大变,她清楚地听到门口有人议论:"炮仗拾蒂头,夫妻不到头。"这是奉化的俗话,按照奉化旧俗,他们认为新郎钻进小伙伴行列抢放鞭炮,是一种犯忌行为。

在这大喜之日,本应该高兴才是,但许多亲戚朋友对新郎的行为指指点点,弄得王采玉心情很不好,只好默默坐在后屋流泪。

据有关资料披露,蒋介石新婚的那天晚上,母亲送走客人之后,发现蒋介石正在自己床上和衣而睡,叫了半天都没有叫醒。

她很生气,对大儿子说:"动手吧,将他弄到洞房去,这成何体统!"

蒋介石在半醒半睡之中被人们弄进洞房,不知是什么原因,毛福梅望着和衣而睡的丈夫,推了半天都没有把他叫醒。

蒋介石似乎很累,鼾声如雷,毛福梅更加伤心,默默地在床上坐了一夜。这件事是第二天她亲自告诉蒋介石母亲的,蒋母听了之后,只是一声叹息。

这位老人也预感到这门婚事可能将来会出问题,只是没有明说罢了。

蒋介石成亲那天的犯忌行为不胫而走,传到他老丈人的村里。毛福梅的父亲在村里是一个有头有脸的人物,他认为女婿的行为不只是给蒋家丢了脸,也给自己丢了脸,这就为日后翁婿不和埋下了种子。

今天我们看来,用老人的眼光和行为规则来要求一个15岁的孩子是有点太苛刻了。后来蒋介石又犯了大不敬,这就使他与老丈人之间的关系更加恶化。

按照奉化的风俗,新女婿要在婚后第一个新年的大年初二去给丈人拜年,然后由丈人家的人带着去认亲。当地人称"生头女婿上门"。新女婿到丈人家拜年,丈人家照例要请女婿吃饭,俗称"拨食"。

在奉化农村,人们对这一风俗看得相当重要,届时男方必须带去许多礼物,送给女方的长辈,岳父母一家应该隆重接待,并借此机会考察新女婿的才干、人品、智力及待人处世之道等。

凡是新女婿对这件事都很在意,态度也很认真,但蒋介石并没有把这当回事。大年初二的那天清晨,他在母亲和夫人的嘱托下,带着一个为他挑礼物的脚夫朝老丈人家走去。

刚走到村口,他突然发现蒋氏家族的花灯会要出村去表演,于是他的孩子气又来了,想和伙伴们一起凑热闹。他把那个替他挑着礼品的脚夫打发回去,将准备送给老丈人的礼物全充公了。

岩头村毛鼎和一家为了迎接新女婿上门做了精心准备,他们全家都在盼着新女婿早日上门来行礼。但是,他们并不知道自己的新女婿串花灯去了,他们等了大半天,仍没有见到蒋介石的踪影。

正午已过,太阳偏西,仍不见新女婿。这时,被派出去打听消息的毛福梅的堂弟跑回来说:"我看到姐夫了呀!他来了呀!"

毛鼎和问:"人在何处?"

堂弟说:"他是和串花灯的一起来的,正在毛家祠堂里表演呢!"

"这是真的?"

"是的，我认出他了呀！"

"岂有此理！"

毛鼎和生气了，他认为一个读书之人，一个肩负着"生头女婿"重任的人，怎么会去串花灯呢！这是一种耻辱呀！

他是一个要面子的人，他马上对来人说："你再去看一下，如果真是你姐夫，就让他回去吧，今天别来认亲了！"

传话的人没有走出大门，就见蒋介石带着花灯队迎面走来了。

大门外锣鼓喧天，毛鼎和一见自己女婿的模样，更加生气，指着蒋介石骂道："你真是一个没有出息的家伙！你家里没有吃还是没有喝？还敢到我家门前丢人现眼，蒋、毛两家的人都让你丢尽了，还不快回家去！在这儿混什么？"

当着众人的面被老丈人骂了一顿，这使蒋介石威风扫地，不知说什么好，他只好垂头丧气地离开了人群。

毛鼎和认为，大年初二，新女婿不准时来行礼，却跟在花灯会中串门，这有失礼节，有失为人处世准则。

在蒋介石眼里，老丈人是一个没有情趣的人，为人古板，当众训他，使他丢了人。因此，两人各执一词，造成了老丈人与女婿失和的局面。

这种恩怨影响了他们的关系，也给毛福梅带来了许多无法诉说的痛苦。也许正因为这两个男人都有个性，几十年来他们的恩怨始终没有解开。

就在毛福梅与蒋介石结婚若干年之后，蒋介石已经发迹，有一次蒋介石风光无限地回到老家奉化妙高台别墅休养。毛鼎和对这个当年不懂礼节的女婿有了新的认识，于是，便高高兴兴地坐着轿子来看女婿。没有想到他们之间的恩怨并未化解，蒋介石托故不见，只送了2000大洋，算是表达了一点女婿的孝心。

做了大官的女婿给钱，怎有不收之理，但毛鼎和并不是为钱而来的，他失望了。从此，他再没有踏入蒋门半步，尽管后来他的儿子等人都在蒋介石的直接关怀下出门做了大事，但他对这个做了大官的女婿仍有许多看法。

蒋介石为什么对老丈人如此不敬，这是由他后来的地位决定的，如果他没有发迹，仍继承父业，在溪口从商，也许他不会做出这种事来。

## 揭开夫妻生活真相

蒋介石和毛福梅没有什么感情基础，毛福梅比丈夫大5岁，是一个很成熟的女性，时时能原谅小丈夫的过错，因此，在新婚之初，他们两人的夫妻关系还是比较融洽的。但他们毕竟存在着很大的思想差距，共同语言不多，蒋介石是一个很不安分的男人，怎么能甘心在溪口和她过一辈子平淡如水的生活呢？

蒋介石的母亲理解儿媳妇的处境，她尽量创造条件，让他们两人能恩恩爱爱，但同时她又是一个很矛盾的人，她受的苦太多了，望子成龙心切，一心要将儿子培养成大人物。婚后她并没有让儿子待在家里做事，而是让儿子外出去读书，为将来成大业打基础。

总不能让儿媳妇在家守活寡呀！后来在王采玉的安排下，蒋介石将毛福梅从奉化接到宁波陪他读书。为了缩短两人的差距，蒋介石在凤麓学堂读书时，把毛福梅送入女校学习，蒋介石还随时辅导她的作业。

在这个伴读时期，应该说是他们夫妻两人生活在一起的最长时期，也是毛福梅一生所享受到的唯一的甜蜜生活。

只可惜，好景不长。

宁波伴读的幸福生活结束后，蒋介石离开妻子到外面闯天下去了，他东渡日本学习军事，其间还考入了保定陆军学校，四方奔走，长年在外，夫妻在一起生活的日子越来越少。

长期分居，两人的感情自然会越来越淡薄。真正的关系恶化应该说是从蒋介石日本留学回来之后。

1908年冬天，蒋介石从日本返回溪口度假，他们两人又生活在一起了，就在这时，他们的矛盾越来越多，争吵之事经常发生。据蒋家的一位亲戚透露，这时毛福梅已怀孕了，性格也变得比较暴躁。一天，不知为什么，两人厮打起来，蒋介石烈性暴发，一脚踢过去，正中毛福梅腹部，毛福梅惨叫一声，昏倒在地，下身出血，孩子流产了。他们在一起生活了8年，这是毛福梅第一次怀孕，没有想到却被丈夫打流产了，她怎么能不怨恨？蒋介石的母亲是一个抱孙子心切的人，只好将儿子痛责一番。

第二年暑假，蒋介石从日本回国留在上海做事，也不想回家与夫人团聚。

毛福梅盼望着丈夫回来过快乐的夫妻生活，蒋介石却不愿见她，她的这种失望之情别人是体会不到的。毛福梅在溪口与婆婆过着孤寂冷清的生活，寂寞难耐，她只能盼望丈夫事业有成。为打发日子，她随婆婆皈依佛门，诵经念佛，消磨时光。

溪口有个尼姑庵，是蒋介石母亲常去上香的地方。因为常来常往，庵内尼姑与蒋母私交很深。有一天，一位老尼姑来到丰镐房蒋家与她们婆媳叙旧。这位老尼姑懂得命理，平时喜欢给人算命、看相。那天她拉着毛福梅的手很认真地看了一会儿，突然惊叫起来，她瞅着毛福梅说："你是个大福大贵之人呀！从手相来看，命中注定会生贵子！"

毛福梅没有把这当回事，但婆婆却深信无疑。

曾有一位风水先生说过：丰镐房面对笔架山，门对笔架山，代代儿孙能做官。丰镐房是块风水宝地，藏龙卧虎，蒋家日后必有贵子出生。婆婆又联想到自己当年带发修行时，那位神秘的算命先生对自己说过的"必出贵子"的话，她认为一个、两个相士胡说，难道天下的相士都只会用"必出贵子"来恭维人吗？

她坚信，相士不约而同地说蒋家必出贵子，看来这风水是真的转过来了。因此，"蒋家必出贵子"的预言就天天萦绕在她的心头。

蒋家要出贵子，就得将希望寄托在儿子身上，儿子结婚8年多了，至今没有生子，这得想想办法。于是，她对儿媳妇说："你不是有瑞元在上海的地址吗？明天咱们一起找他去。"

婆媳风尘仆仆来到上海，蒋介石很无奈，他对眼前这个农村媳妇已没有兴趣，但母命难违，他只好在好友戴季陶、张静江等人的帮助下为她们找了住处。

蒋介石母亲这次带着儿媳来到上海目的是很明确的，那就是让他们两人一起生活，为蒋家生贵子。

蒋介石的确很忙，整天为革命事业奔走，接触的都是头面人物，怎能把毛福梅这样的农村妇女带入交际场所呢？毛福梅满腔热血，本来想将多年来积蓄下来的女性温情全部献给自己的丈夫，共同分享美好夫妻生活，没有想到蒋介石却对她很冷淡，不是借口晚上有事不回家，就是半夜回来和衣而睡。毛福梅成天愁云满面，蒋介石对她不冷不热，做出来的样子全是给母亲看的。

他们在一起住了一周之后，蒋介石的母亲沉不住气了。她是一个心细的女人，看出了其中的问题。有天晚上，蒋介石来给她请安，刚一进门，她就大声训斥："你这个不肖子孙呀！为什么这样对待你的妻子呢？她哪一点对不起你？对不起我们蒋家？"

蒋介石默默无语，什么也不想说。

母亲接着说："我这次带着你妻子来找你干什么？你真的不明白吗？你是不是要让蒋家断子绝孙？你不愿和她同房，她的眼睛都哭肿了，你这是要我的老命呀！如果你再不听话，我就去投江！"

蒋介石是孝子，看到母亲生气了，只好认错，并表示一定要和毛福梅快快乐乐地生活在一起，让母亲不要多心。

夫妻两人关系不和谐的事也传到朋友耳朵，蒋介石的好友林绍楷也感觉到了蒋氏婆媳来沪的目的，只好出面劝蒋介石："你平时最孝顺母亲，你应该明白，中国有句古话：不孝有三，无后为大。你和毛夫人结婚多年，到现在还没有孩子，你老母亲能不着急？你夫人心里能好受？"

在朋友的劝说下，蒋介石似乎对毛福梅有了兴趣，又握手言欢，过上了正常的夫妻生活。

一段时间后，毛福梅的身体发生了变化，肚子渐渐丰满起来，到医院检查已怀孕。

这时蒋介石公务缠身，又准备东渡日本，王采玉的目的已经达到，她深知儿子的脾气不好，加之有前一次打架流产的历史，担心两人在一起会闹矛盾，影响孩子顺利生长。于是，就带着毛福梅回溪口了。

老人的心愿终于实现了。

毛福梅生贵子的美好愿望将要实现。

1910年农历三月十八，一个男孩在溪口丰镐房诞生了，这一年蒋介石23岁，妻子毛福梅28岁，这个男孩就是蒋经国。

虽说生出了儿子，但毛福梅并没有过上快乐生活，随着蒋介石事业的成功，她的日子更加凄凉。后来，唯一的儿子蒋经国从小就离开她在外读书,后来又去了苏联。

从现在可以查到的资料来看,辛亥革命后,蒋介石从日本回国,很少回家看望夫人,反而在外面纳妾,这就是他们夫妻感情淡漠的原因。

大概是在1921年之后,他们两人的关系已很恶化,夫妻相见,水火不容。

1921年5月3日,蒋介石回到溪口,却没有回家住宿,他在日记中这样说:"外宿于武岭庵,蚤甚扰,憨集,反侧不交睫。"

这个事实说明什么?说明当时的家庭环境对他是不利的,他是一个孤立的人。每逢夫妻争吵,他的母亲总是护着毛福梅。这就影响了他们两人的关系,蒋介石个性很强,但面对母亲却无法放任了,在1921年4月30日的日记中写道:"家事如沸,思之郁闷,非出家远游不克免尘俗之累——环境难打破,只有出俗为僧而已。"

可以看出来,蒋介石是非常苦恼的,也流露出了出家的念头。

虽说蒋介石有自己的苦衷,但并没有正式提出离婚的事,只是怨言,他常年奔波在外,夫妻很少见面,家庭还是在继续往下维持着的。

如果说蒋介石是一个本分人,安于现状,不求功名,不做大事,安稳度日,读完书之后做个文人或选择经商,也许他与毛福梅的夫妻生活是幸福的。

**蒋毛协议离婚秘闻**

蒋介石常年在外,身边是不愁没有女性的。但这些女性大都没有名分,只是以小老婆的身份出现,真正有名分的还是毛福梅。但后来的情况发生了很大变化,直接影响了毛福梅在蒋家的地位,引起这个变化的正是豪门出身的宋美龄。

1927年8月,蒋介石与宋美龄的关系已公开化。但宋美龄的母亲却以蒋介石已有妻室为名反对这门婚事,她要求蒋介石与原配夫人离婚。

为了达到目的,蒋介石只好返回老家溪口,向毛福梅正式提出离婚。毛福梅虽说与他夫妻关系不好,却不同意离婚。在旧社会,离婚休妻是要有前提条件的,毛福梅老实本分,没有犯什么错误,怎么能说离就离呢?蒋介石找不出正当理由,蒋家族人也反对他们离婚。

蒋介石是一个很有政治野心的人,要实现自己的宏伟理想,只能与宋家攀亲,别无选择,如果失去这个机会,这就意味着他将来的人生无法辉煌。

后来,蒋介石想出了妙计,准备用迂回的办法对付毛福梅。

妙计之一是以佛理软化她。他针对毛福梅信佛的心理,热情邀请高僧太虚法师为她讲经。太虚到达溪口后,蒋介石先陪他游览了溪口名胜雪窦山,然后向太虚法师说明本意,法师是一个聪明人,在蒋介石的授意下,选择中秋之夜向毛福梅灌输虚空之念。

太虚法师在《自传》中有这样的记载:"1927年9月9日,住溪口文昌阁。翌日,中秋节晚上,在文昌阁为蒋氏夫妇及张、吴略说《心经》大意,相与赏月。"

太虚法师的空无之语,进一步坚定了毛福梅内心"四大皆空"的观念,使她产生了摆脱世俗烦恼的思想,从这个效果来看,蒋介石已基本达到了对她潜移默化的目的。

妙计之二是请长辈出面做毛福梅的思想工作。在蒋介石的长辈中,办事利索,善于说话的人就是他的舅父孙琴风。孙琴风是商人出身,与蒋家关系密切。这些年,蒋介石外出做事,蒋家的许多大事都由此人办理,毛福梅对这个老人也很敬重。

孙琴风能说会道,听取了双方在离婚一事上的意见分歧之后,建议让自己的外甥让让步,提出离婚不离家的设想,就是说离婚后毛福梅继续留在蒋家主持丰镐房家务,从表面来说,好看一点,以免外人说闲话。他又对毛福梅晓之以理,动之以情,劝她要服从大局,将目光放长远一点,成全蒋介石去做大事。

所以,经过这位老人的调解,毛福梅同意与蒋介石离婚。双方的意见统一了,离婚不离家,仍在蒋家主持家务,也使毛福梅有了台阶可下,面子上过得去了。

夫妻双方协议离婚口说无凭,得有字据,蒋、毛离婚也在奉化县政府办理了离婚手续,并签署了《离婚协议书》。

蒋介石之所以要办理完整的法律手续,主要是为了满足宋美龄的要求。因宋家提出,按照基督教教义,一个男子不能同时有两个妻子,蒋介石必须与原配割断关系,才能向宋家求婚。蒋介石为了向宋家证明自己确已与发妻毛福梅离婚,只能办妥书面证据,才能去向宋家求婚。

蒋介石与毛福梅离婚后,便与宋美龄结婚了。

据一些老人回忆,离婚后,蒋、毛关系有所好转。蒋介石回乡时,每次都去丰镐房与毛福梅打个招呼,说几句问候话。

有时偕宋美龄一起来溪口,住在武岭别墅,也会趁宋美龄晚起之机,早晨悄悄跑到丰镐房尝尝毛福梅亲手做的早点。

也许因为有爱子蒋经国的关系,每逢蒋介石回乡和宋夫人住在别墅,毛福梅总要委托蒋介石堂弟蒋周峰送些菜去,并嘱咐蒋周峰"一定要先生亲自来接"。

据蒋周峰回忆:"好像先生与师母早有约定,我每次送菜都是先生亲自来接,而且对我特别客气,连说谢谢。有一次,我去雪窦山别墅妙高台送菜,先生正在会客。通报进去,蒋介石内务副官蒋孝镇想把菜接过去,我说师母关照过,一定要先生来接。孝镇进去不久,先生丢下客人,把菜接了进去。"

1939年12月12日,侵华日军出动飞机轰炸溪口,毛福梅被弹片炸伤而亡。

为什么日本飞机要轰炸没有一兵一卒,又不是战略要地的蒋介石老家呢?据查证这与蒋家风水有关,日本人听说只有破坏了蒋介石的祖坟,破了他的风水,他们才能在中国战场坚持下去,最后取得胜利。但飞机只炸毁了一些民房,并没有伤到蒋家祖坟。

毛福梅的丧事是她的儿子蒋经国操办的。1946年12月22日正式安葬于蒋氏家庵摩诃殿前侧。

据当时任武岭学校训导主任的虞寿先生回忆，1947年清明，蒋介石回溪口扫墓，清晨，他独自一人来到毛氏墓前，察看了一会，发现墓碑上面刻的是"显妣毛太君之墓 男经国敬立"，并未牵及他和毛福梅的关系，接着便面向毛氏墓行了三鞠躬礼。回去之后，又偕宋美龄一起来，宋美龄见墓碑书写得体，并没有影响她的形象，于是，便拉着蒋介石，两人在墓前并肩行了三鞠躬礼。

1948年，溪口蒋氏家族要续谱，毛福梅的名分又成了难题。此事报请蒋介石后，只见他亲笔给毛福梅封了名分："民国十年出，为慈庵王太夫人义女。"

古代称离婚为"出"，慈庵是蒋介石母亲王采玉的墓庐，位于溪口白岩山。蒋介石这句"妙语"是一箭三雕：一是把离婚后的毛氏定为王氏义女，使她"出"而复入，尊为"义姐"，可慰发妻地下之灵；二是把毛福梅离婚时间从1927年推前到1921年，为什么这样说？这是免去了宋美龄负蒋、毛离异之责，使后人无话可说，目的也是为了让宋夫人高兴；三是王采玉死于民国十年，要使婆媳关系变成母女关系，只能在王氏死之前的时间上做文章，这样就会天衣无缝，无懈可击。

但是，历史总归是历史，虽说在蒋介石生前，许多人都知道他与毛福梅的这段姻缘，但却没有人直接披露出来。在他去世后，许多历史学家和作家，在撰写有关蒋介石婚姻的文章时，才披露了这些事实真相，才有人撰文首次披露当年续修蒋家族谱时关于给毛福梅定名分的秘密。

## 蒋介石的第二位夫人之谜

众所周知，蒋介石对老家溪口的原配夫人毛福梅是没有什么感情可言的，他多次对友人说，母亲大人包办的婚事，几乎误了他的前程。也许他的话是有道理的，虽说他的择偶标准在随时随地发生变化，但总体来说，他追求女性的一个最低标准是两人情投意合。当他与毛夫人的感情不好不坏的时候，就在外面结识了一个女子，这个女子就是后来成为他小妾的姚怡诚。

他们是怎么认识的？这个出身贫寒的女子是如何进入蒋家之门的？其中的谜很多。在蒋介石的婚姻史上，这个女子没有正式名分，也没有进入蒋家族谱，但她在蒋家后代心目中的地位是不能小视的，因为她是蒋纬国的养母。

关于蒋纬国的出身本来就是一个无法揭开的谜底，他的成长经历又恰好与这个女人有关，这些外人无法知道的家庭秘史，当蒋介石和姚怡诚去世之后，那些知道真相的人，才将有关史实披露出来。

准确地说，蒋介石与姚怡诚的相识是在1907年之后，那时蒋介石以优异的成绩考入保定陆军速成学堂炮兵科，之后又被选派往日本留学。

1910年蒋介石在日本振武学堂学习

时认识了同乡陈其美,在陈其美的引荐下认识了孙中山先生,当时蒋介石革命意志坚定,孙中山认为他是一个不可多得的英才。

1911年蒋介石回到上海参加辛亥革命,在沪招募士兵成立沪军第五团,担任团长。他就是在这时认识姚怡诚的,当时她叫姚阿巧。

姚怡诚的小名叫阿巧,父亲名叫姚阿宝,小叔名叫姚小宝。据说姚家祖上是安徽人,兵变中逃难迁移江东,历有数代,族谱称谓是吴兴群南薰堂。

阿巧是独养女儿,从小是父母的掌上明珠,不幸父母早逝,她的生活失去依靠了,没有办法她只好依靠小叔姚小宝。

姚小宝性格开朗,善于交友,又乐于助人,后来被人称呼为姚宝叔。清末民初,家乡有很多农民去上海谋生,男的做工,女的帮佣。姚小宝用一条小木船将这些人从南桥摇到上海,需要连续两天两夜,只能换取微薄的收入。他膝下无儿无女,便将侄女认作女儿,准备为女儿招门亲事,让她过上幸福生活。

姚宝叔为阿巧招了一个名叫沈天生的上门女婿,婚后更名为姚天生。虽说这是包办婚姻,但婚后夫妇感情还是不错的,因为老家种田难以糊口,于是,夫妻两人便和村里许多青年人一样来到上海谋生。

姚天生在西藏路八仙桥一带跟随叔父奇祥、云祥从事体力劳动,姚阿巧则去做娘姨。在这一时期,小夫妻的生活还是很幸福的,他们不再为生计发愁,而且在经济上还有节余。

但是生活富裕了之后,姚天生便染上吸鸦片的恶习。他还经常酗酒,醉后就对阿巧拳打脚踢,从此,夫妻关系日益恶化。随着烟瘾的增大,姚天生入不敷出,穷困潦倒,终于走上了自我毁灭的道路,变成一个流浪汉。

阿巧是一个聪明伶俐的漂亮女子,虽说是已婚女人,但尚未生育,很有成熟女性的风韵。夫妻生活不幸,使她不得不独立生活,后来,她进入上海五马路群玉芳的一家堂子里做娘姨,又称小大姐。这里有一个高级艺妓,能吟诗作词,弹唱应酬,有一定的文化修养,有两个娘姨服侍。阿巧的工作就是负责管理这个艺妓的日常生活。

撮合这段姻缘的人其实就是蒋介石的好友陈其美。

陈其美是一个风流人物,他经常带蒋介石出入上海的一些风月场所,他们就是在这里认识姚怡诚的。

虽然蒋介石是一个见过世面的人,但是十里洋场,风光无限,灯红酒绿的生活对他还是很有吸引力。自从认识姚怡诚后,他很快被姚怡诚的风情迷住了,后来两人便堕入情网,感情越来越密切。

在陈其美的撮合下,蒋介石将姚怡诚从堂子里接出来,在外租了房子,两人过上了同居生活。在蒋介石心中,姚怡诚是他平生所遇的最懂感情的女人。她结过婚,具有成熟少妇的风韵,她出身寒微,却

辛亥革命时期的蒋介石

因为久居上海而陶冶出一种现代女性的典雅气质。姚怡诚长期生活在大上海，见过大世面，懂得如何讨男人欢心。蒋介石本来就对自己的夫妻感情问题很苦恼，这样一来，孤男与寡女产生感情，这是情理之中的事。

辛亥革命后，蒋介石积极参加反袁护法斗争，往返日本、沪杭、山东等地，踪迹不定。姚氏不仅安心跟随蒋介石，还把平时省下的积蓄全资助出来，她虽出身贫寒，没有文化，但蒋介石对她的确怀有感激之情。

姚怡诚也算是一个新派女性，对个人的婚姻大事是主张自主的，但她的养父姚宝叔得知此事后十分不满，坚决不同意她与蒋介石一起生活。后来，经姚怡诚堂姐姚月英从中劝说，姚宝叔才基本上承认了这门亲事。听说后来还由蒋介石出面补办了酒席，至于有没有正式名分，当时姚家人也没多想。

蒋介石在上海金屋藏娇，与红粉知己过上了甜蜜的夫妻生活，但时间长了又想起远在老家的儿子蒋经国，加之当时上海的政治环境对他不利，便动了回溪口的念头。

回老家容易，但姚怡诚并不知道蒋介石在老家已有妻室，老家的亲人们也不知道蒋介石在上海又有了红颜知己。如何均衡这种关系，怎么给姚怡诚名分，成了让蒋介石头疼的事情。

蒋介石是有男人气概的，他思前想后，只能实话实说，开始做姚怡诚的思想工作，好让她回到家乡，面对毛夫人和儿子时有点心理准备。

蒋介石将自己的家事全部说出来，姚怡诚是一个聪明的女人，她得知真相后没有哭没有闹，只是低头不语。

蒋介石深感内疚，拉着姚怡诚的手说："希望你能理解我呀！我们是包办的，婚后我和她在一起生活的时间很短，两人没有共同语言，脾气不合，性格不合，我只是背个已婚男人的名分……"

姚怡诚的眼泪掉下来了，她望着蒋介石问："这毕竟成事实了呀！那我回去能有什么名分？"

蒋介石无法回答，只好说："这个问题得从长计议！这个——"

姚怡诚说："算了吧，说什么都晚了，我现在已经是你的人，从前你做过什么，我能理解，但你要向我保证，从今后我就是你的夫人，你走到天涯，走到海角，我都会跟在你身边，你能答应吧？"

蒋介石笑着说："好的，好的，我一定答应你呀！除了你，我不会再追求另一个女人了，这是我的誓言。"

这就是蒋介石与姚怡诚两人当时的真实心态。

姚怡诚的工作做通了，蒋介石便带她朝溪口走去。

出发之前，蒋介石给母亲写信，除说明他回家的日期外，在结尾还留有这样一句话："不孝儿要携一新妇侍奉母亲大人。"

这句附言，看似平常，但蒋介石是动了心思的。他明白，母亲是一个很传统的农村妇女，自己的夫人毛福梅更是这种旧式女性，自己在外纳了妾，又要明目张胆地带回家，母亲和毛氏会有许多想法，还是提前说一下，让她们有点思想准备。

当毛福梅听到蒋介石在外另有新欢之后非常气愤，抱着才3岁多一点的儿子蒋经国失声痛哭。

蒋介石的母亲也面对着巨大的思想压力，蒋氏家族是很注重名节的，她认为自己的儿子在外金屋藏娇本已对不起毛氏，这次又要带回来，这会招来人们的议论。

蒋介石的母亲是个很爱面子的人，生米已做成熟饭，没有办法补救。于是，她思考了一晚上，第二天一起床，便和儿媳毛福梅谈心，希望她能从大局着想，不要把事情闹大，还是先回娘家回避一下。

毛福梅自然不会同意这种方案，她

说:"这事能躲过去吗?带一个大活人来了,别人能不明白是怎么回事?难道想将我逐出蒋门?"

老夫人说:"无论何时,你都是我们蒋家的儿媳呀!我只是担心他们来了,你一气之下大闹起来,让别人看笑话,家丑不可外扬,你明白吗"

毛福梅还是不同意去娘家,她说:"我在这里生活是正大光明的事,为什么要回娘家去住呢?"

老夫人说:"你们两人脾气不合,见了面会吵架的,何况还多了一个女人,你是懂事的,希望你能理解我的意思呀!"

毛福梅哭了,她说:"回去可以,但这事我也担心呀,我走了,谁照顾经儿和你?如果那个女人来了住着不走怎么办?难道我就在娘家住一辈子?"

老夫人沉思了一会儿,接着说:"我向你保证,无论事情有什么变化,你是我们蒋家明媒正娶的媳妇,经国是我们蒋家的长孙,这是谁也改变不了的事实。至于那个女人是什么样的性情,我也没有见过,你不必多心。"

蒋介石带着漂亮的新派女子走进溪口镇,马上形成了一道亮丽的风景线。

站在街上看热闹的人很多,姚怡诚是见过大世面的人,也是一个很开放的人。她陪同蒋介石走在古色古香的石板路上,钉了掌的皮鞋体现出了应有的特色,发出一串清脆的、富有节奏的响声。

站在门口看热闹的小脚女人,面部都露出了好奇之色。在她们的记忆中,这是第一次听到在这石板路上,被城里女人弄出来的奇妙响声。人们望着姚怡诚的新派打扮,惊讶之状,更加夸张,嘴巴张得很大,却找不出比较恰当的词汇来形容眼前这个妖艳女人。

蒋介石仍是长袍装束,没有穿皮鞋,他带领着红粉知己往前走,不时地挥动着手中的黑色礼帽,向熟人打招呼致意。因为他这次回家与前几次回家有了质的变化,所以熟人都一笑了之,并不和他多说什么。他的夫人并没有抱着孩子亲自来接,那些好事的小孩都快速跑进蒋家大院,相当自豪地充当义务使者,向老夫人和少夫人通风报信。

虽说蒋介石早有思想准备,但快进家门时还是有点忐忑不安。按过去的习惯,家人知道他要回来,都会站在大门口迎接,这一次却门可罗雀,没有人影。

当然,这种情形他是早有预料的,也是可以理解的。他只好把姚怡诚领到报本堂,让她在那里等候,自己先去拜见母亲,试探一下态度。

母亲正在经堂念经,蒋介石走进来,发现毛福梅也陪在母亲身边诵经,3岁的儿子也在旁边坐着。这三个人都目空一切,表情庄重,似乎没有觉察到他的进来。

在这有点压抑的气氛中,蒋介石鼓足勇气,大声说:"母亲,我回来看你了。"

老母亲正在诵经,好像没有听见。

这时毛福梅小心翼翼地站起来,瞅着他说:"你回来了?"

蒋介石点头:"是的!"

毛福梅将儿子往前一推，说道："经儿，这是你爸，快叫爸爸呀！"

孩子扑进他的怀里，这时老母亲结束诵经，站了起来。气氛有所缓和了，蒋介石瞅着母亲说："老人家，不孝瑞元回来侍候您呀！"

母亲面无喜色，很冷漠地说："你还知道回这个家呀！你还记着我？"

蒋介石笑着说："孩儿天天都在记挂着母亲呀，这次回来，带着姚怡诚小姐来行礼，她还在外等着呢。"

母亲开始装糊涂，问："谁是姚小姐？"

蒋介石解释说："就是我在上海结识的女朋友呀！"

母亲没有说话，毛福梅出声了，她很不客气地说："什么女朋友？小妾就小妾嘛，用这些洋名词干什么呢？"

蒋介石软了，笑着说："是的，是妾呀！"

这时老母亲转身说："什么女朋友姚小姐小妾的，来了就进门吧，还站在外面干什么，还等我派轿子去接？"

母亲发话了，蒋介石明白母亲同意接受他们了。

毛福梅的态度比较友好，并没有对他在外纳妾之事说什么过激的话。他来到报本堂，将姚怡诚领进了家。

姚怡诚面对这个家庭是有许多思想准备的，事情的真相蒋介石已经告诉她了，在某种意义上来说，她完全能够理解蒋介石的处境。

她走进门后，用亲切的口吻喊了一声"妈妈"，然后就和蒋介石一起跪在蒋母面前请安。

老夫人的脸也绷不下去了，她笑着把姚怡诚搀起来，认真打量这个气质凡非的女人。姚怡诚面如桃花，相当单纯，瞅上去的确惹人喜爱。

姚怡诚转身望着毛福梅行礼："您就是阿姐吧？小妹向你赔罪！"说着就要跪下去，毛福梅也动了怜悯之心，急忙将她拉起来说："不必多礼！进了蒋家门，我们就是一家人！"

这就是蒋介石带着姚怡诚进入家门的经过，从此，他们便在这里居住下来，三个女人，一老二小，相安无事。

为什么毛福梅能如此大度呢？关键问题在于儿子。虽说他与丈夫只是名分上的，但她为蒋家生了一个儿子，如果为蒋介石纳妾的事彻底闹翻，对自己是一点好处都没有，说不准自己后半生的生活就没有保障，这就是现实。这就是一个农村女人嫁鸡随鸡、嫁狗随狗的命运呀！这没有什么秘密可言，是完全可以理解的。

据说，蒋介石和姚怡诚在溪口闲居了半年。这半年，他们之间感情最为融洽，姚怡诚通情达理，孝敬蒋母，对毛福梅也很尊重，对蒋经国很关心，三个女人生活在一起，和睦相处，生活很美满。

蒋介石之所以在这一时期对姚怡诚这么好，主要有两个原因，一是当他在上海失意的时候，姚氏曾从感情上、从经济上都帮助过他。二是蒋纬国的出现，这个身份不明的孩子需要人抚养，最合适的人选就是姚怡诚，当然这是后来发生的事。

为什么蒋介石要在溪口闲居一个阶段呢？这与当时的国内局势有关，因为刺杀陶成章的事情还没有过去，蒋介石不宜在上海露面，只能和小夫人姚氏待在家里侍奉老母，一方面打听外面的局势，随时准备复出，他不是一个安于现状的人。

1913年夏天，"杀陶"事件已被淡化，没有人再追究，蒋介石认为应该去做大事了，就和姚怡诚回到上海。

革命失败，他在上海无法待下去，只好逃亡日本。

1914年，蒋介石又返回上海参加讨袁行动，不幸事情败露，他被袁世凯通缉，风声很紧，再次去日本避祸。

应该说，蒋介石是一个有着远大抱负的人，但革命仍处于低潮，他只能一边奔走，一边躲藏，往来于上海、杭州、溪口、日本等地。

远赴日本避难时期的蒋介石

这一时期，他很少顾及家事，也没有心情和姚怡诚温存。自从姚怡诚与蒋介石结婚的那天起，她就习惯了夫妻恩爱的幸福生活，但这种生活对她来说是短暂的，也是不现实的，她一个人住在上海，经常得不到蒋介石的音信，一天到晚为他的安危担心。这种生活环境使她无法忍受，为了打发苦闷的日子，她染上了赌博恶习。蒋介石对赌博恶习深恶痛绝，多次劝说姚怡诚，都收效不大，于是，两人的关系更加恶化了，夫妻感情的伤痕越来越大。

关于这件事，我们从现已公开的蒋介石的日记中是可以看到的，蒋介石曾多次记述对姚怡诚嗜赌的不满，比如说，他曾在日记中有如下记录：

1919年10月18日：怡诚赌博不休，恶甚、恼甚。

1920年1月1日：早上起床时，瞟见楼下电灯尚明。甚恨怡诚不知家法，痛骂一场。娶妻之为害实不胜言。

1920年5月16日：近日以怡诚嗜赌而不侍我疾，且出言悖谬，行动乖违，心甚愤恨之。

为什么蒋介石会反对姚怡诚参赌呢？应该说有这么几个原因：

其一，吃喝嫖赌恶习，影响事业，影响人生。这不是说什么大话，这是蒋介石一生信奉的做人原则，至于他的政治作为如何可以另当别论，但在绝不吃喝嫖赌这一人生原则面前，他是身体力行的。后来他做了中华民国总统，却一生从不饮酒，从不吸烟。据他身边的人说，蒋介石在用人方面，是否嫖赌，是否吸烟，是否喝酒，也是他考察的一个重要条件。因此，他是无法容忍姚怡诚赌博的。另一方面，他也有错怪姚怡诚的地方，比如说，他让这个正处于情感期的女人独守空房，身边连一个说话的人都没有，她怎能不寂寞？打牌赌博，这也是上流社会有点身份的一些女人的习性。

其二，从政治形势来看，蒋介石付出的努力和回报成反比。孙中山组建军政府后，他被召至广州任职，但他做事独断专行，带兵打仗可以，却与地方势力搞不好关系，经常发生摩擦，多次受到孙中山批评，他气不顺，心情不好，只好辞职返回上海。当时，怀才不遇之感油然而生，他需要夫人在感情方面进行安抚，没有想到姚怡诚却我行我素，恶习难改，成天在外赌博，有时是通宵达旦，根本不回家。

蒋介石的性格是无法容忍姚怡诚这种行为的，虽说从此夫妻关系出现了问题，但蒋介石并没有和姚怡诚翻脸、分手，这是为什么？从来后的情况看，之所以仍在维持这种夫妻关系，与一个男孩的突然出现有关，这个孩子就是蒋纬国。

## 与妻妾脱离关系之谜

1919年秋天，蒋介石去了趟日本，回来时带来了一个3岁多的男孩，说是自己的儿子，取名蒋纬国，交姚怡诚抚养。

有个孩子在身边，姚怡诚的心情渐渐好了起来。

从此，姚怡诚便和这个孩子结下母子之情，有时在上海生活，有时在溪口生活，她全身心地养育着这个孩子，她一生未育，把蒋纬国当自己亲生儿子对待，好在蒋纬国也是一个有心之人，当他长大成人之后，对这个养母很孝敬。

关于蒋纬国身世问题，大概有四种说法，究竟真相是什么，因为当事人在世时都没有透露，所以，要弄清这个问题那是不可能的。

说法之一，1913年"二次革命"失败之后，袁世凯悬赏缉捕"乱党"，革命党人纷纷跑到日本去了。蒋介石在日本期间和戴季陶共租一屋居住，房东为他们介绍了一位女服务生，戴、蒋二人与这位女子关系都非同一般，三年后，这个女子生出两个男孩。大的归戴季陶所有，取名戴安国，小的属蒋介石，取名蒋纬国。

说法之二，蒋介石和戴季陶回国后在军政府工作。有一天，一位日本女子带着一个男孩来到广州军政府大门口，点名要见蒋介石。蒋介石来到门口认出了那个女子，便带进自己办公室，然后，跑上楼去向戴季陶报喜，没有想到戴季陶惧内，不敢去认这个日本女人和孩子。

那个日本女子寻夫没有结果，认为这个中国男人没有良心，便一气之下，将孩子留给蒋介石，自己独自一人离开了广州。

于是，蒋介石便与老家的母亲和姚怡诚商量，收养了这个儿子。

说法之三，传说蒋纬国就是蒋介石的儿子，是蒋介石与一日本女士同居所生的。除了蒋纬国外，还生有一个男孩子。后来，蒋介石将另一个男孩过继给戴季陶的夫人抚养，取名戴安国。蒋纬国、戴安国都是蒋介石的儿子。

说法之四，蒋纬国和戴安国都是戴季陶的儿子，因为戴怕老婆，不敢把纬国带回，所以才交给蒋介石抚养。

关于这件事，据蒋纬国先生一位好友说，有一次，蒋纬国无意中看到一本美国作家约翰·根宝所写的《亚洲内幕》文章，里面有一段写道：蒋介石元帅二子蒋纬国少尉，是国民党元老戴季陶的儿子，以后为了某个原因过继给蒋公。

为了弄清自己的身份，蒋纬国曾去问戴季陶事实真相。戴先生当时笑了，他很认真地拿出一面镜子，让蒋纬国自己照自己，之后问道：是这边像蒋公呢？还是那边像蒋公？

蒋纬国无话可说，只好离开。

1989年1月11日，两位当事人都已故去，蒋纬国在一次演讲中公开对众人说："无论是蒋介石还是戴季陶，做谁的儿子，我都愿意。"

蒋纬国到底是何人所生，时至今日仍是一个不解之谜。蒋介石把蒋纬国带回到姚怡诚住处，让她代为抚养。这一时期，正值姚怡诚与蒋介石闹矛盾，她深感夫妻关系日趋恶化，怕蒋介石休掉她，因此，只好把自己的感情全部倾注到这个孩子身上。

在上海住了一段时间，蒋介石有自己的事业，姚怡诚又带着蒋纬国回到奉化溪口丰镐房,从此,三个女人共同担负起了抚养两个孩子的义务,他们之间的关系比较和睦。

自从蒋纬国来到溪口后,蒋家又增添了许多新鲜活力。蒋经国有了小伙伴,兄弟俩每天在一起玩耍,使蒋家三个女人都享受到了天伦之乐。

应该说,姚怡诚虽是二房太太,也没有正式名分,但她对蒋纬国是十分疼爱的,也尽到了母亲的职责。后来,蒋纬国进入奉化幼儿园过集体生活,姚怡诚为了照顾这个孩子,便特意从溪口搬出来在奉化城住下来,每天接送孩子。

1922年,蒋纬国到了上学年龄,在蒋介石的安排下,他和哥哥蒋经国接受新式教育,离开老家到宁波、上海等地读书,姚怡诚一直随行,陪伴照料两个孩子的生活。

蒋介石的这两个夫人,应该说都是尽了教子之道的,但在相夫方面就离蒋介石的要求差多了。蒋介石需要的是事业上的助手,不只是贤惠,还得知书达理,形象非凡,善于交际,能写能画,但这些要求姚怡诚达不到,因为她没有文化,毛福梅这个农村女人更达不到。

一开始蒋介石对姚怡诚还是寄予厚望的,她出身贫苦,没有受过教育,上不了大场面,和大家闺秀相比,气质和修养都有很大差距,为改变这种现状,蒋介石还让她在奉化县接受短期教育,并请先生为她补课,但这种短期教育只是多认几个字罢了,并无法改变一个人的素质。加之姚怡诚本人习惯松散生活,赌博之心难改,

又不怎么关爱丈夫,这便是后来蒋介石嫌弃她的主要原因。

一妻一妾,两个儿子,看似幸福,但蒋介石还是很烦恼,这两个女人都不是他理想的伴侣。

毛福梅是第一夫人,只是名义上的摆设,他们在一起生活的时间很有限,但姚怡诚就在身边,是自己找的,如何处理此事便成了他的心病。

正如蒋介石在日记中所说:"一旦离弃姚怡诚,肯定会伤害小儿纬国的感情——盖因弃去,一则纬儿无人抚养,恐其常起思母之心;一则藕断丝连,虑其终结不解之缘。"

蒋介石在外是一个呼风唤雨的大人物,虽有两个女人,但他却感觉不到温暖,这的确是一件很痛苦的事。

1920年春天,蒋介石身患重病,住进了上海一家医院。

老母亲闻讯后立即带着毛福梅从奉化赶到上海来照顾他。蒋介石病情很重,婆媳二人昼夜守护,才使他转危为安。这时的姚怡诚一是要照顾两个孩子上学,二是赌博之瘾更大了,很少来照顾蒋介石,有时来了,还会因赌博之事与蒋介石争吵。

1921年夏天,蒋介石的母亲王采玉因病去世。

蒋介石回到溪口办理完母亲的丧事,做出了与这两个女人脱离关系的决定。

11月28日晚上,他把毛福梅、姚怡诚、蒋经国、蒋纬国叫到跟前很认真地宣布这个决定。他手捧写好的文书,泪流满

面宣读起来：

> 余葬母既毕，为人子者一生之大事已尽，此后乃可一心致力于革命，更无其他之挂系。余今与尔等生母之离异，余以后之成败生死，家庭自不致因我而再有波累。
>
> 余十八岁立志革命以来，本已早置生死荣辱于度外；唯每念老母在堂，总不使以余不肖之罪戾，牵连家中之老少，故每于革命临难决死之前，必托友好代致留母遗禀，以冀余死后聊解亲心于万一。今后可无此念，而望尔兄弟二人，亲亲和爱，承志继先，以报尔祖母在生抚育之深恩，亦即所以代余慰藉慈亲在天之灵也。余此去何日与尔等重叙天伦，实不可知。余所望于余等者，唯此而已。特此条示经、纬两儿，谨志毋忘，并留为永久纪念。

蒋介石把"出妻条示"宣读完毕，毛福梅发火了，她认为十多年来，老母在堂需要我，老母一死，尸骨未寒，就不要我，真是岂有此理！她越想越愤怒，指着蒋介石叫骂起来，情绪很激动。

蒋介石怎能容她，便走上前拿着皮带抽打毛福梅，毛福梅的情绪有点失控了，一把抱住蒋介石扭打起来。

亲友马上把毛福梅拉到楼上躲起来，蒋介石余怒未消，毛福梅仍在叫骂，蒋介石冲上楼，继续追打毛福梅，揪住她的头发从楼上拖到楼梯口。蒋经国看到此情此景，流泪跪在地上哀求父亲不要再打母亲，蒋介石才在亲友劝说下住了手。

姚怡诚也感到委屈，但她看到毛福梅的反抗没有起多大作用，反而被殴打，当天晚上她什么也没有说，第二天吃完早饭，便带着蒋纬国离开了溪口。

从表面上看，蒋介石与姚怡诚是脱离了夫妻关系，也曾把蒋纬国抚养权交给老同学吴忠信，让蒋纬国拜吴忠信夫妇为"干爹""干娘"。但从实际来看，姚怡诚依然和蒋纬国生活在一起，从感情上来说，蒋纬国已离不开姚怡诚。

从此，蒋纬国就一直跟在姚怡诚身边，母子情谊别人无法替代，后来蒋纬国长大成人，仍将姚怡诚当生母对待。

蒋纬国与姚怡诚的这层养育关系知情者不多。蒋纬国对姚怡诚感情很深，虽说他知道他的亲生母亲不是她，但对姚怡诚很孝敬，尽到了儿子义务，只是这些事外人并不知道罢了。

## 蒋介石的第三位夫人之谜

蒋介石的第三个夫人是陈洁如，关于她的身世问题，多年来是众说纷纭。因为她曾是蒋介石的夫人，因此，官方的报刊很少提说此事，虽有人公开提说，也多是对陈洁如的诋毁，并不符合事实真相。

陈洁如没有跟随蒋介石去台湾，新中国成立后一直留在上海生活，20世纪60年代初期，经周恩来总理特批定居香港。

陈洁如定居香港后，开始撰写《回忆录》。台湾方面得知后，害怕她揭露领袖的隐私，进行了百般阻挠。所以，20世纪60

年代撰写的回忆录,尘封了30多年,直到当事人都去世了,才得以正式出版,这本身就有许多神秘色彩。

从她的回忆录中我们可以看到一些事实真相,虽说有人仍对这本回忆中讲述的事实持怀疑态度,但当事人都不在了,又有谁能说清楚呢?

陈洁如,生于1906年,浙江镇海骆驼桥河角头陈村人。幼年随父亲来到上海生活,1918年13岁时,进入由蔡元培创办的爱国女子学校读书,她自幼聪敏可爱,入学后成绩名列前茅,深得老师喜爱。在学校,她结识了一位比她大5岁的朱逸民小姐,建立了深厚友谊。

后来,朱逸民嫁给了上海富豪张静江。陈洁如经常出入张家,14岁那年,她在张家遇见了蒋介石。蒋介石对这位皮肤白皙、个子高挑、身材迷人的女孩子一见倾心,紧接着就展开了热烈的追求。

那天晚上,陈洁如从朱逸民家里出来,忽然发现蒋介石独自站在大门外面等她。蒋介石笑着问:"陈小姐,你要到哪里去?"

陈洁如有点害怕,虽然白天在张家他们谈过话,蒋介石的热情态度给她留下了深刻印象,但毕竟是一面之交呀!她对蒋介石还很陌生。她很腼腆地说:"我要回家。"

蒋介石热情地问:"陈小姐府上在哪儿?我送你哟!"

陈洁如似乎从眼前这个多情男人眼神中读到了什么,她低头不语,不想和他说话。

蒋介石笑着说:"你连自己的家都不知道呀?不怕迷路?"

陈洁如仍不回答,蒋介石接着说:"告诉我吧,你住在哪里?我送你回去呀!"

陈洁如说:"西藏路88号。"

蒋介石说:"好的,送你回家。"

陈洁如说:"不行呀,我的父母是非常严厉的人,他们不允许我和陌生男人在一起,让他们知道了会骂我的。"

陈洁如对蒋介石有点怕,故意把"33号"说成了"88"号,但"西藏路"这个大方向是没有错的。

有一天,陈洁如一个人在家里做功课,突然蒋介石来了。他一进门就说:"陈小姐,你把我害苦了!自从你给了我那个错的门牌号码,我就一直在这条街上转,一直在找你呀!幸亏今天找对了。"

陈洁如深感这个男人在追求自己,但又不知说什么才好。

蒋介石笑了,他说:"找到你就是我的福气呀!我真的很喜欢你,从咱们在张家初次相见的那一刻起,我就觉得你是我正在寻找的人,这几天,我什么事也做不下去,一心想着你。我每天都会梦见你!你是我梦中情人呀!"

陈洁如对男女之事并不是很懂,红着脸站在那里不知说什么好。此时,她母亲回来了。

母亲是过来人,她读懂了蒋介石的眼神。她将女儿打发到里屋,然后很认真地对蒋介石说:

"我女儿还小,才14岁多一点,个子

高,发育得早,其实还是个孩子,你如果有什么想法就找她的父亲去说,我不希望你来影响她的学习,这会分心的,你明白我的意思吗?"

蒋介石说:"伯母,我明白你的意思。说真话吧,我很喜欢陈小姐,我想和她做朋友。"

陈洁如的母亲说:"你的心情我是理解的,但她还小,我们对你的情况也不了解,希望你自重,不要再上门影响我女儿的学习。"

后来,蒋介石又委托张静江夫人朱逸民向陈洁如再次转达了爱慕之情。朱逸民是陈洁如童年时代的好朋友,两人无话不说,沟通起来很容易。

没有想到陈洁如却回答说:"我不喜欢那个老男人,他的眼神让我害怕,我也不了解他呀,这怎么行?"

朱逸民解释说:"恋爱的男人眼神都是那样的,让人感觉可怕,但这说明他对你的感情是真的。你成熟了,自己的事应该有主见,应学会应付男人呀,有男人追求是好事,不是坏事,你敢说你一辈子都不谈情说爱?"

蒋介石不直接去陈洁如家了,但他不放过任何接近陈浩如的机会。在他的追逐下,陈洁如对他有了好感,开始一起上街,一起吃饭,但蒋介石的行为有失分寸,急于求成,吓得陈洁如后来不敢接近他。

30多岁的男人在上海大街上去追求一个14岁的小女孩,这的确是需要勇气的,也许只有蒋介石这样有个性的人才能持之以恒,永不言败。

两年后,陈洁如的父亲突然病逝,机会终于来了,蒋介石竟穿了孝服前来吊唁,并极力帮助陈家料理丧事,他的出色表现,赢得了陈洁如母亲的好感。

过了几天,蒋介石再次请张静江夫妇代为说情。

张静江是什么人,陈母是知道的,上海滩名人,孙中山的红人,这门婚事已势在必行,陈洁如的母亲是聪明人,她明白其中道理。

女儿的婚姻大事不能马虎,陈母只好同意了这门亲事。她也多长了个心眼,派人调查蒋介石的情况,调查的结果令陈母失望。原来蒋介石是已婚男人,一妻一妾,风流成性,并无正当的职业,把女儿嫁给这样的男人怎么能放心呢?

张静江得知陈母的顾虑后,又亲自来到陈家,向陈母介绍了蒋介石的革命业绩,并大胆预言,说此人将来前程无量,也许会成为左右中国历史的人物。

经张静江这么一说,陈母便完全同意了。

陈母对蒋介石说:"我的女儿嫁给你,希望你们能白头偕老,永远幸福,但你必须和家里的前妻离婚,和上海的情人分手,明媒正娶我的女儿为妻。"

蒋介石说:"请伯母放心,这些我都能做到,我过去的婚姻都是老式的,全由母亲包办,无感情可言,我早讨厌那种生活了。"

陈洁如和她的母亲终于被蒋介石的真情所感动。

1921年12月5日，蒋介石与陈洁如在上海举行了婚礼，证婚人就是张静江，主婚人是戴季陶。当时，陈洁如才15岁多一点，那天晚上，蒋介石在洞房怀抱陈洁如发誓说："我这一生只有三大愿望，一是娶你为妻，过上幸福生活，永世不会去爱别的女人；二是积极革命，取得孙先生赏识；三是带兵打仗，将全国统一于中央政府之下。"

从这些话可以看出，蒋介石要做的这三件事，并非容易，但他以顽强的毅力去实现着这些愿望。后两个愿望虽说还有点遥远，有点眇茫，但前一个愿望经过两年多的努力已经实现了，那就是陈洁如这位貌若天仙、纯洁如水的可爱女子终于投入他的怀抱。

婚后的第三天，陈洁如随同蒋介石前往奉化溪口认门。

婚前蒋介石亲口答应与原来的妻妾离婚，但能否办成陈洁如心中无数，实际上蒋介石说的离婚只是与毛福梅和姚小姐脱离了夫妻关系罢了，只是一种形式，实际上毛夫人仍以蒋夫人的名义居住在丰镐房。

陈洁如最担心的是到了蒋家如何与毛夫人相处的事。

毛福梅是一个很老实的女性，见到陈洁如之后并没有多说什么。她仍以主人的身份料理着丰镐房的家务，她到神坛前点燃香，主持蒋介石携同陈洁如跪拜蒋氏祖先和蒋母遗像，这是家规，蒋介石知道如何去做。举行完这个仪式之后，三人开始喝茶说话，蒋介石使了眼色，陈洁如心领神会，立即将毛福梅请到上座，鞠躬行礼，并奉茶一杯。

陈洁如明白这样做意味着蒋介石并没有彻底抛弃发妻，在蒋介石的老家，人们仍然奉毛福梅为蒋夫人，她的地位只是小妾罢了。但是她受过正规教育，思想开明，能够理解毛福梅的处境，几天下来，双方互有好感，相处和睦。

有一天，她们单独相处，毛福梅拉着陈洁如的手，声情并茂地说："好妹妹呀！做女人最快活，也最辛苦呀！我来蒋家20多年，与他一起生活，经历了许多风雨，真是酸甜苦辣，什么都尝过了，我已40多岁，这辈子也就这样了，不像你生活在大城市，见多识广，有许多念头，我没有呀，我这一辈子只希望儿子经国将来能有出息，为我争口气呀！"

陈洁如是完全理解毛福梅心情的，哪个母亲不希望自己的孩子将来有作为呢？正是为了儿子的前途，毛福梅才忍痛割爱，将自己的儿子交给姚小姐带到上海去读书。

陈洁如说："请大姐放心，我回上海一定好好照顾经国。"

毛福梅问："你见过经国没有？"

陈洁如说："还没有。"

她和蒋介石结婚了，为什么在上海没有见过蒋经国呢？毛福梅有点不理解，但又不便细问，其实这是蒋介石的主意，陈洁如的年龄比蒋经国才大4岁，让儿子在她身边露面会为难她的。

1924年，出任黄埔军校校长时期的蒋介石

毛福梅说："这个孩子最怕父亲，我很担心，他那么小待在上海，我很想他呀！你是一个心地善良的人，你愿意照顾经国，我就放心了。"

蒋介石和陈洁如在老家住了一段时间，后来接到孙中山的电报，命令他速回广州指挥军队，于是，蒋介石又携陈洁如返回上海。

陈洁如回到上海，在蒋介石的安排下见到了11岁的蒋经国。从此，蒋经国便叫她上海妈妈。

1924年，蒋介石就任黄埔军校校长，陈洁如就以"校长夫人"身份随蒋介石出入社交场合，翻译文章，处理信件，成为蒋介石的助手。当时，蒋介石夫妇住在长洲要塞司令部（蒋介石兼长洲要塞司令），傍晚，二人常携手在黄埔军校散步。蒋介石的学生对陈洁如以"蒋校长夫人""蒋总指挥夫人"相称。

这是陈洁如与蒋介石一起生活的一段幸福时光。陈洁如在回忆录中也用很多笔墨记录了这段生活。蒋介石在日记中对他与陈洁如在这一阶段的感情生活也有很多记述。

1925年4月26日的日记:"下午,携洁如赴汕头船次,为情魔缠绊,怜耶、恼耶,殆无已时。"

1925年4月18日,陈洁如去了广州,蒋介石大清早到码头迎接,没有接上,次日再赴码头,日记中说:"往接洁如,同回长洲司令部"

在这一时期,蒋介石的另一个夫人姚怡诚也来过广州几次,但从感情上来说,蒋介石还是倾向于陈洁如的。1925年11月27日,姚怡诚带着蒋纬国来广州,蒋介石陪姚怡诚时,担心两人相遇,生出是非,在日记中写道:"上午同怡诚游玩,心殊怦怦,恐洁如不悦也。"

陈洁如比蒋介石小十多岁,在某种意义上来说还是一个不太成熟的女孩,自然比较任性。因此,夫妻之间产生矛盾的事也时有发生。

蒋介石在1925年4月20日的日记中写道:"近日不满意于洁如,亦爱亦憎,情思缭乱。"

6月6日日记云:"近日思念洁如,疼忿交并,留舍莫决。……女子情漓,英雄心醉,何其痴也,何其痴也!"

蒋介石的日记都很简短,从这些文字中是无法弄清他们之间产生矛盾的真相。据当年曾在蒋介石身边工作的人员回忆,当年,蒋介石与陈洁如的一些恩怨,责任并不全在陈洁如身上,不能说她不懂事、太任性,她是女人呀,是女人就有妒忌之心。

陈洁如担任了蒋介石的秘书后,负责处理函件,也参加一些集会,与何香凝、汪精卫夫人及周恩来等要员的关系都不错。

## 是谁抢占了陈洁如的位子

1926年,蒋介石已成为国民党的一颗政治明星。

这时,他对身边女性的要求也越来越高。政治、权力、金钱是无法分开的,蒋介石心里很清楚,想要成大事,没有一个得力女性相助是不行的,这个女人要形象出众,气质非凡,更重要的是要出身名门,要有强大的经济实力和政治背景,因此,蒋介石后来就将目标锁定在宋美龄身上。

早在4年前,蒋介石就结识了宋美龄,可以用一见倾心来形容,只是当时条件还不成熟,要娶这个大家族的小姐为妻,阻力很大。

但蒋介石看中的事,怎能就此罢休呢?

虽说这时蒋介石与陈洁如在一起过着幸福生活,但他追求宋小姐的行动从未停止。宋家也在犹豫,也在派人考查这个政治明星。

蒋介石终于得到孙中山的信任,成为他身边的得力干将,引起了宋、孔两大豪门的关注。宋氏三姐妹中的老大宋霭龄通过观察得出结论,认为蒋介石精明能干,意志坚强,具有超凡的领袖才能,权力欲望很大,很有可能成为一个影响中国进程的人物。但是宋老夫人和宋家的几个兄弟都对这门婚事有不同意见。

宋霭龄已嫁入孔家,是孔祥熙的贤内助,她对政治很感兴趣,极力想撮合蒋介石与妹妹的婚事。

关于这些细节,事隔多年,陈洁如在回忆录中才披露出来。据她说,在一个周末的晚上,蒋介石突然兴奋地回家告诉陈洁如,说孔夫人明天请他们吃晚饭。

那天晚上,蒋介石很激动,在室内来回踱步,还自言自语:"我从来想不到会有这件事。而现在,你我终于有缘跟这位大人物同席进餐。这真是太妙了,令人难以置信。"

陈洁如看到蒋介石有点失常,瞅着他说:"只是请一餐饭,何必这么兴奋?天气这么热,我不想出门,你还是一个人去吧!"

蒋介石说:"你怎么还没有搞懂?必须一起去,这对我来说是一件很重要的事,就是更接近宋家呀!明白吗?这次吃饭是一个机会,可以更接近总理的亲戚,你明白吗?"

陈洁如对接不接近总理的亲戚兴趣不大,给蒋介石倒了杯白开水后坐在那里不再说话。

蒋介石喝了一口水,继续说:"你是知道的,广州的军事人才很多,我为什么能当校长呢?这只是走了点运,我有地位了,但声望还不够。所以,我要走的路线是培养与总理身边的亲人间的友谊。我要把孙、宋、蒋三家紧密地连接起来,越紧密越好。"

陈洁如明白了他的用意,说:"你这是在走政治路线呀!"

蒋介石高兴了,将她抱在怀里,握住她的手,亲吻着说:"我们就要跨过重大成就的门槛,在革命事业方面和在培养友谊关系方面,你我必须站在一起,争取成功。你知道这对我是多么重要!你一定要陪我去参加宴会。"

那次晚宴的参加者,有宋霭龄、宋美龄姐妹,有廖仲恺夫人何香凝女士及国民政府外交部部长陈友仁等官员。

宋霭龄要求客人下午3点赴席,蒋介石因公务在身下午5点后才到。陈洁如独自一人来到大客厅,听那些贵夫人谈生意经,她是外行,听不懂流通货币、证券、股票等。

宋霭龄便让陈友仁陪陈洁如参观这座房子。

陈洁如在回忆录中这样说:

当我们走到房子旁边的时候,客厅中的快活笑声吸引了我的注意。那是宋霭龄的声音,我听到她说,她只能做一个中等人家的主妇,怎么配做一位新兴领袖的妻子?一定要想个法子。宋美龄接着说,是呀,她就象征我们国家生活中一个宽阔的社会鸿沟。不过,我必须说她也有好的地方,她可以做一个宁波乡下人或农人的好

20世纪20年代,宋氏三姐妹合影,前为大姐霭龄,左为二姐庆龄,右为美龄

主妇。

陈洁如偷听到这样的谈话之后心里很不好受。因此,陈洁如在回忆录中指出,这是宋家大小姐刻意安排的夺夫宴,她也从蒋介石的赴宴神态中,看出蒋介石迷恋宋家三小姐的事实。席间,宋家二姐妹与蒋介石谈笑风生,根本没有把陈洁如放在眼里。

陈洁如回忆说,廖仲恺先生的遗孀何香凝女士一眼就看穿了她们的用意,第二天就特意提醒陈洁如,要小心,不可太轻信别人!要离那个女人(指宋霭龄)远点,不要让蒋介石落入她的圈套。

陈洁如还是一个孩子,她清楚地记得蒋介石向她写血书盟誓的情节,这样忠诚的男人,难道还会背叛吗?

事实证明,陈洁如太天真了呀!蒋介

石一直在大胆地追求宋美龄,只是由于宋母反对,一时未能得手,这些情况,陈洁如都是被蒙在鼓里的。

1926年底,蒋介石与汉口政府产生矛盾,此时蒋宋联婚也进入攻坚阶段。蒋介石写信邀宋霭龄到九江晤谈,两个人在船上便达成了如下联姻协议:宋霭龄负责把她的胞弟宋子文从汉口政府拉出来,然后姐弟联手筹措军费支持蒋介石;蒋介石同宋美龄结婚后,并保证南京国民政府成立之后,任命宋家大姑爷孔祥熙为内阁大员,任命宋子文为财政部长。

蒋介石的美好愿望即将实现,他只好对陈洁如说:"希望你能支持我的事业,暂时避开5年吧,我送你到美国读书,我必须同宋美龄结婚,只有她才能帮助我完成继续北伐的大业。"

陈洁如伤心地哭了起来。蒋介石似乎也很伤感,他拉着陈洁如的手说:"这只是一桩政治婚姻,你先到美国去待5年,你返回时,南京政府将已成立,那时我们再恢复夫妻生活,要相信我,我们的爱情将始终如一,我可以发誓……"

陈洁如对蒋介石的话持怀疑态度,她说:"你说的话能算数?到时我回来你能与宋小姐分手吗?"

蒋介石说:"你应该相信我,目前我的处境并不好,没有根基,这你是知道的。只有让我继续干下去,中国革命才会成功,否则就不行,现在正是我实现愿望的大好时机,我必须把握这个时机。我有野心,我要登峰造极!"

蒋介石要与宋家联姻,陈洁如怎么能阻止得了?她明白将有另一个女人取代她的位置,只好在蒋介石的劝说下,独自返回上海。

1927年8月1日早晨,蒋介石来到上海陈洁如母亲家里。他单独进了宅内,将卫士和蓝衣侦探留在院中等候。如果在过去,在正常情形下,蒋介石来到陈家,陈家的人自然会很兴奋,但事已至此,陈家的人怎能高兴得起来。

陈洁如望着他说:"大驾光临,有何贵干?你今天突然来,一定是有所求?"

蒋介石笑着说:"你猜对了,我亲爱的洁如,我是来同你谈赴美之行。我已跟张家的黛瑞莎和海伦谈好,请她们两人一路陪伴照料你。你只要离开5年,这是你的船票。"

陈洁如没有伸出双手接票,她说:"我已经让开了,让你去实现你的雄心,你还要怎样?你常说我容易受别人的左右!你是存心要逼我流亡吗?"

蒋介石坐下了,他说:"不能这么说,这次出国旅行对你有益。我让你去进修,增加知识,回国后,可以为政府做大事。你曾经答应与我并肩工作的,还记得吗?"

陈洁如说:"这些是过去时了,我同母亲一起住在这里已很满足了。"

陈洁如不愿离开上海,这会给蒋介石带来许多麻烦,这几年他们夫妻两人多次在公开场合露面,她是以蒋介石夫人的身份住在上海的,不走开,蒋、宋如何成婚?

蒋介石恳求说:"你是听话的,也是爱

我的,希望你能理解呀!"

陈洁如说:"我不想听你那些花言巧语,好像什么事都是为了我好。我已经为了你的方便,默然让贤,因为你说过,'爱情是要以一个人所愿承担的牺牲之大小来衡量',我之所以这样做,是一心为了中国的统一。换了另外一个女人,会把宋美龄的眼睛都给挖出来的,你信不信?"

蒋介石说:"你必须远走美国,这是宋小姐提出的条件。洁如,我明知请你这样做是过分了,但我完全是为了中国之统一,才敢请你拿出你的爱国心来帮助国家。你如果仍留在上海,这全盘交易就会告吹,你还不了解我的苦楚吗?"

这时陈洁如的母亲回来了。蒋介石很有礼貌地和陈母谈了一会国家大事,说出了自己想一统天下的心声。然后,他对陈母说:"国内形势很复杂呀!我只是想请洁如出国5年,研究政治学和公共行政,以便回国后为政府服务。这里有三张船票,一张是洁如的,另两张是给张家姊妹的。我预订的船是杰克逊总统号,是一艘万吨级的豪华客轮。希望你能做做洁如的工作。"

陈母接过票,放在桌子上,瞅着女儿说:"洁如,你有意出国吗?"

"我不想去。"陈洁如很不开心地说,"为什么一定去美国,那么远?这像是在流亡!"

"只要5年呀!"蒋介石解释说。

陈洁如说:"5年是什么概念?你所有的承诺都一文不值!你还记得你要切断手指头,以使我相信你对我之爱吗?现在怎么样?我怎么还能再相信你的话!"

陈母亲转身问:"你说5年,是真心话?还是来骗我女儿的?"

蒋介石说:"当然是真心话!我发誓,说5年,就是5年!"

陈母说:"你知道吗?发誓就是祈求神明见证你的誓词?如果你故意说谎,那就当心天打雷劈!"

蒋介石说:"那当然,我可以为此发誓!请伯母相信我。"

陈母是一个很认真的人,她走向佛坛,拿起几炷香、一对蜡烛,点燃后插在香炉中。蒋介石毫不犹豫,走上前来,站在佛像前,起誓说:"我发誓:自今日起,5年之内,必定恢复与洁如的婚姻关系。如果违反誓言,没有将她接回,祈求我佛将我击毙,将我的南京政府打成粉碎。如果10年、20年之内,我不对她履行我的责任,祈求我佛推翻我的政府,将我放逐于中国之外,永不许回来。"

誓毕,陈母说:"我相信你的话。"

蒋介石将船票交给陈母,又对陈洁如说:"你到美国是不会感觉孤独的,一切费用都将由我来出,还有两个同伴会照料你。你必须切记,此行是为了增长知识,而不是流亡。"

1927年8月19日,陈洁如在张静江的两个女儿的陪同下,乘坐"杰克逊总统号"豪华客轮去了美国。

陈洁如赴美的消息不胫而走,当时许多媒体做了公开报道。

麻烦出来了，陈洁如还在船上，蒋介石却在接受记者采访时一口否认曾与陈洁如的婚姻关系，他对记者说："本月稍早自中国搭乘杰克逊总统号前往旧金山之妇人并非我的妻子。有的报刊指此妇为我的妻子的报道，是我的政敌所虚构的，我并不认识该电讯中所述及的蒋介石夫人。"

蒋介石说这些话时，陈洁如还在海上漂泊，人还在客轮上，蒋介石却翻脸了，在残酷的事实面前，陈洁如痛不欲生，打算投海自杀，陪伴她的张家小姐极力劝止。

陈洁如与蒋介石结婚时才15岁，两人在一起生活了7年，被迫赴美时只有22岁，从此未再嫁人，将全部精力集中在学业上，为蒋介石守了一辈子空房。

蒋介石兵败，退守台湾后，陈洁如留在了大陆。1962年，经周总理批准，陈洁如移居香港生活。

蒋介石这个男人还是有点儿良心的，当他得知陈洁如到香港定居的消息之后，便让蒋经国出面，为陈洁如买了一套房子。据说，陈洁如始终没有到蒋家为她购置的房子居住，而是将其出租，自己仍住在香港铜锣湾百德新街的房子里，她闭门谢客，过上了隐居生活，并着手撰写回忆录。

据知情人说，陈洁如在香港时与蒋介石仍有往来，她想回到蒋介石身边是根本不可能的事，蒋介石虽是多情男人，在台湾又是党国领袖，但也有难言之隐，他们只能以书信往来，以文字再续旧情。

蒋介石曾在信中说："囊昔日风雨同舟的日子里，所受照拂，未尝须臾去怀。"

陈洁如也是委屈颇多，她在回信中说："30多年来，我的委屈唯君知之。然而，为保持君等家国名誉，我一直忍受着最大的自我牺牲，至死不肯为人利用。"

陈洁如在蒋介石身边的位子被宋美龄取代时才22岁，正值青春之期，但却过着凄凉的独居生活，于1971年2月21日，在香港去世，享年65岁。

这时的蒋介石也已风烛残年，深居简出，很少公开露面，每当回想往事，都会心如潮水，难以平静，他得知陈洁如去世的消息后，黯然神伤，心中生出许多感慨。

# 第三章 蒋宋联姻之谜

DISANZHANG JIANGSONGLIANYIN ZHIMI

## 誓娶宋家三小姐之谜

1922年12月的一天晚上，上海孙中山先生的寓所正在举行基督教晚会，主持人是宋子文。

芳龄24岁的宋美龄出现了，她形象出众，气质非凡，言谈举止都体现出了大家闺秀的风范，她风姿绰约，笑靥迷人，立即成为晚会的主角，成为所有男人迷恋的对象。

就在这次晚会上蒋介石和她相识了，从此这个女人便与他结下了不解之缘。

宋美龄的出现，使蒋介石为之震撼，虽说此时的他家有一妻二妾，但他与宋美龄交谈时眼神中却流露出了一种渴望。这种渴望就是想和这个有着家庭背景和社会声望的宋家三小姐结为革命伴侣。

为什么会有这种想法？他看中的不只是宋美龄的气质和相貌，更重要的是宋家的背景，只有与有这种家庭背景的女性结为人生伴侣，他才能成就大业。

宋美龄的父亲宋嘉树，是上海滩的富商。他是一个很开明的人，他认为没有知识是不行的，在经商的同时他也将大量精力用在培养子女上。他希望孩子都能接受良好教育，所以宋家的孩子在国内接受了基础教育之后，便都先后去国外接受新式教育。

1918年，宋嘉树突然病逝，但他留下的财富与声望已成为子女做大事的坚实基础。他的大女儿宋霭龄给孙中山当秘书时认识了山西富商孔祥熙。孔祥熙也是一位基督徒，他曾在美国俄亥俄州的奥柏林大学留学，获得耶鲁大学硕士学位。宋霭龄与孔祥熙相识后，两人便互生了爱慕之情。她从父亲的成功经历中悟出了许多人生哲理，她认为，人生在世，想做大事，没有金钱是不行的。她清醒地意识到正是金钱的作用，才使自己的父亲成为上海滩名流。出于对金钱与权势的渴望，出于对孔祥熙的好感，宋霭龄便与孔祥熙结了婚。

在当时，许多人，就连宋霭龄本人也没有意识到，孔、宋两家的联婚后来会对中国历史进程起到了推动作用。

宋霭龄与孔祥熙结婚后，她的妹妹宋庆龄接替他的位置，当上了孙中山的秘书。孙中山让宋家子女做秘书，这是有原因的。因为他与宋嘉树是好朋友，也是同乡，宋嘉树曾以自己的财产资助孙中山的革命事业。宋庆龄和孙中山在一起工作了一段时间后，便产生了感情。虽然宋家父母激烈反对，但是二人还是结成了革命伴侣。

宋氏三姐妹中，老大嫁给了大商人，老二嫁给了革命领袖，只有三小姐宋美龄仍没有婚嫁。她的性格与两个姐姐不同，大姐热衷于金钱权力，二姐注重革命事业，她机智聪明，思想还是比较单纯的。

在旧中国的上海，宋家是一个生活气息很浓厚的开明家庭，一方面深受西方文化和现代文明的影响，一方面又保持着中国传统家庭的遗风。宋美龄自幼受到家庭艺术氛围熏陶，聪明可爱，是一位追求新生活的时代女性。

1907年，宋美龄跟随二姐宋庆龄搭乘"满洲里"号邮轮到美国威斯里扬女子学院读书。最初几年，因为她年龄小，只能以"旁听生"的身份学习。15岁时才转为该校正式生。经过4年的学习，宋美龄以优等成绩毕业了。

大学毕业之时，她已经从一个小女孩成长为一个大姑娘。她在美国读书时就是一个活跃分子，与师生相处很好，威斯里扬女子学院曾有这样的记载：

"大家都喜欢她，把她看成是我们的成员，完全忘记了她是一个外国人。当然，她受到人们那么多的称赞，不是因为她像两位姐姐一样漂亮，而是因为她热情、真诚，有一种内在的力量。"

她善于交际，爱出风头，很有个性。她社交的主要对象是有地位的中国人和西方人，她回国后有许多男人追求她。

蒋介石岂能放过这个天赐良机？

蒋介石是一个很有心机的人，自从结识陈其美，他进入了中国民主主义革命阵营，又追随孙中山，很快成为革命干将，成为孙中山的心腹。现在命运之神又把一个可以利用的美丽女人送来了，他绝不会放弃。

自从认识宋美龄后，蒋介石一厢情愿，展开了强烈的爱情攻势。他在孙中山面前流露出了想娶宋美龄为妻的美好愿望，并恳请孙中山从中说媒。

孙中山不愿意做媒，他认为蒋介石的家庭生活很复杂，宋家喜欢的是谦谦君子，不可能对他这个已婚男人感兴趣。

但是，蒋介石在追求宋美龄一事上态度是很坚决的。

后来，他多次在孙中山前面诉说家庭生活的不幸，再次表明自己非娶宋家三小姐不可的意志。

孙中山只好说："此事要从长计议，不能着急，我先给他们打打招呼吧！"

宋庆龄是坚决反对这门婚事的，她对孙中山说："我宁可看到妹妹死去，也不愿意让她嫁给一个仅仅在上海就找了两个女人的荒唐男人!"

孙中山不好说什么,只好对蒋介石说:"先等一等吧。"

蒋介石只好等了,因为他明白,宋庆龄的意见是相当重要的,如果她的态度不积极,这件事就不好办,只得从长计议。

## 为什么宋家会有两种态度

从1922年至1927年,在这5年时间里,蒋介石的地位发生了变化,这就为他娶宋美龄在客观上奠定了政治条件。

1924年5月,蒋介石被任命为黄埔军校校长。

1925年3月12日孙中山逝世后,国民党内部发生激烈的权力之争,蒋介石被提名为国民党中央委员会主席。此时,正值他率部北伐,成了一个大权在握的人物。

他的人气很旺,美国《时代》周刊以他为封面人物进行吹捧,国内媒体大肆宣传,使他成了左右中国命运的领袖。

宋家的人对他有不同认识,特别是大小姐宋霭龄极力赞成这门婚事,因此,她成了一个说客。

虽说此时蒋介石的地位高了,但关于这桩婚事,宋家意见并不统一,为此还专门开过家庭会议。在这次会议上,多数是反对的,只有孔祥熙和宋霭龄力排众议,表示赞成。

宋霭龄认为蒋、宋联姻后,有了宋家的支持与帮助,蒋介石就能统一中国,宋家则可以贵为皇亲国戚,真正实现"富贵"二字。

宋庆龄、宋子文和宋老夫人则对蒋介石的为人和生活作风持有疑虑。

虽说宋家意见不统一,后来还是在宋霭龄的周旋下,促成了这门政治婚姻。

美国作家约翰·根宝在1942年出版的《亚洲内幕》中形容红娘宋霭龄:"精明能干,意志坚定,办事能力极强,野心大,权力欲旺盛,是上海滩能呼风唤雨的女人。"

也许人们要问,在当时那种背景下,宋霭龄为了蒋、宋联姻的顺利进行,都做了哪些工作呢?多年后,据知情者透露,她的确是花了心思的。

宋子文对蒋、宋联姻并不热衷,后来经宋霭龄从中周旋,并推荐宋子文出任南京方面财政部长,他才同意了妹妹与蒋介石的婚事。

当时宋美龄的母亲坚决反对这门婚事,其理由是蒋介石非教徒,没有办法,这个障碍不克服怎么行呢?蒋介石亲口答应婚后即受洗礼,信奉上帝。后来,支持蒋、宋联姻的宋霭龄向子文、子安兄弟说明利害关系,还把母亲的思想工作也做通了。

宋庆龄以国母身份自居,根本看不起蒋介石。她反对宋美龄嫁给蒋介石的理由,以写《西行漫记》名闻天下的美国记者斯诺的说法较为准确。斯诺指出的三个理由是:

其一,孙中山逝世后,蒋介石曾托人向文君新寡的宋庆龄求婚,宋庆龄认为这是政治上的动机,而无丝毫情爱成分在

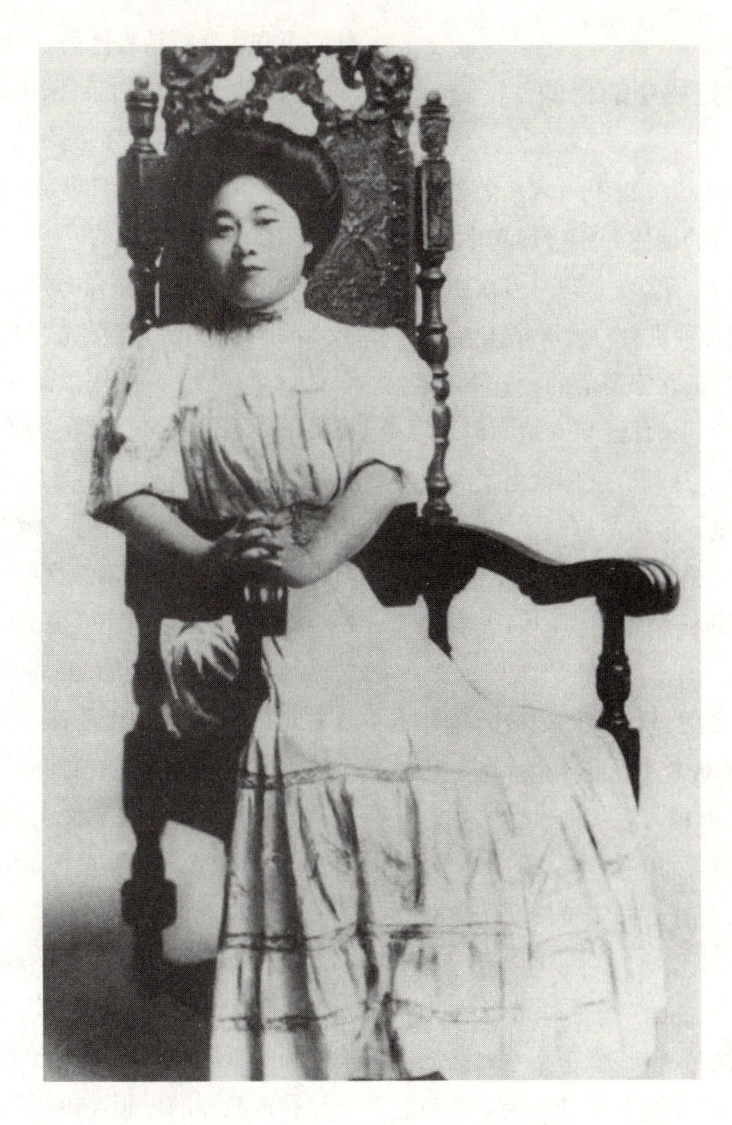

从美国学成归国回到上海的宋美龄

内,就一口拒绝了。

其二,蒋介石已有妻室,再打宋美龄的主意,自然有其目的。

其三,蒋介石一向主张先安内再攘外,目的在于铲除异己,这充分暴露了他不能容人的心胸。

在宋家兄妹中,能和宋庆龄谈得来的只有宋子文,于是他便答应宋霭龄的要求,去汉口说服宋庆龄。宋子文连续去了汉口几趟,最后宋庆龄表示在妹妹与蒋介石结婚过程中,她只保持低调,不公开参加婚礼。

## 求婚过程中的秘闻

在宋霭龄的大力支持下,宋美龄芳心已动,对蒋介石的地位开始崇拜起来了。蒋介石为了赢得宋美龄的芳心,多次向她写情书,并利用各种机会与她培养感情。

1927年5月,在宋霭龄的授意下,蒋介石邀请宋美龄到镇江游玩。这次游玩,蒋介石费尽心机,从细节上体现出了绅士风度和领袖气概,这些都打动了宋美龄。据说蒋介石和宋美龄在一起玩了十天,正是这次长时间的接触才使他们两人有了进一步的交心。

这次旅游之后,过了两个多月,蒋介石宣布下野,他带着卫队回到溪口,一边遥控政局,一边办理与毛福梅、姚怡诚、陈洁如彻底脱离关系的手续。

同年8月,蒋介石向宋美龄写了一封情书:

余今无意政治活动,唯念生平倾慕之人,厥唯女士。前在粤时,曾使人向令兄姐处示意,均未得要领,当时或因政治关系。顾余今退而为山野之人矣,举世所弃,万念灰绝,囊日百对战疆,叱咤自喜,迄今思之,所谓功业宛如幻梦。独如女士才华荣德,恋恋终不能忘,但不知此举世所弃之下野武人,女士视之,谓如何耳?

自从蒋介石邀请宋美龄在风景如画的焦山玩了数日之后,宋美龄芳心已动,便同意和蒋介石结为伴侣。

接到蒋介石的信后,宋美龄回信表达了自己的愿望,但仍有许多顾虑。

第一个顾虑是来自母亲的阻力。宋母对这门亲事是不赞成的。她认为军人的社会地位低下,而且蒋介石是有妻妾之人,怎么能和自己的千金结婚呢!另外,蒋介石是行伍出身,不是基督徒,信仰的差异也是宋母不赞成的一个重要原因。

第二个顾虑来自她自己。宋美龄当时虽未结婚,但已名花有主,她在美国学习时,已经和一位名叫刘纪文的留学生订了婚,从个人感情上来说,她对刘纪文的爱情是纯洁的,是真挚的,要离开刘纪文,投入蒋介石的怀抱,她还是有一些顾虑的。

宋美龄和她姐姐一样,也是很渴望权力的,两个姐姐都嫁了大人物,她岂能落后,嫁给一般人去过那种平庸的生活呢?

她渴望至高无上的权势,渴望"第一夫人、母仪天下"的荣辉,渴望轰轰烈烈的人生。而这一切从刘纪文那里是根本不可能得到的,只有蒋介石才会给她。

经过激烈的思想斗争之后,她认为大姐的想法是正确的,蒋介石与刘纪文无法相提并论,只有嫁给蒋介石,她的未来才是美好的,光明的。

在大姐的劝说下,宋美龄答应了蒋介石的求婚,同时也向蒋介石提出了两个条件。其一,蒋介石必须一辈子忠于她,并且只属于她一个人。其二,她与刘纪文曾经真心相爱,她不愿伤害刘纪文的感情。因此,蒋介石必须提供100万美金,使刘纪文在美国安身立业。

蒋介石自然会答应这两个条件。他赶到上海,拉着宋美龄的手深情地说:"你我是天赐姻缘呀!我怎能负心呢?今生今世我不会再去爱任何一个女人,即使她有沉鱼之貌,落燕之容,我也不会动心呀!你要相信我。"

关键问题是要得到宋母的同意,此时,她在日本,在宋霭龄的建议下,蒋介石亲自到日本去拜访老夫人。

1927年9月23日,蒋介石和张群一起来到长崎探望宋母。蒋介石在离开中国之前对外声称:"此种婚姻,并非政治结婚。诸人皆从事于政治生涯,乃属偶然巧合,并非同派。且家长尚未允许,宋女士之母病在神户。余拟即前往问候,并向乞婚,以外并无其他任务。是否成行,尚待神户消息,视家夫人病体何如。"

我们从他的谈话中可以看出,他此行的目的是为了个人婚事,但实际上他还有另外一个目的,这就是政治目的。当时,中日关系已经恶化,就在前半年,他的北伐军进入山东后,日本借口保护侨民,悍然出兵。蒋介石为了避免与日军正面冲突才暂时撤兵了。接着在后来的几个月,田中内阁召开东方会议,确定了侵华战略。

蒋介石认为要继续北伐,统一中国,就应该取得日本支持。在这种情况下,蒋介石决定赴日一是为了个人婚事,二是为了日中关系。他曾私下对张群说:"这次访问,最重要的是和田中会谈。"

10月23日到达东京后,他发表了《告日本国民书》,借孙中山之名,鼓吹中日亲善,希望日本抛弃张作霖等军阀而支持他。

11月5日,蒋介石与田中首相举行会谈,当时他们谈了什么,外人是不知道的,据台湾档案馆现存的谈话记录记载,蒋介石在会谈中是强调中国统一的,但田中内阁最怕中国统一。由于双方意见相去甚远,会谈没有达成任何协议。

蒋介石对日本内阁的态度曾评价说:"综合今日与田中谈话的结果,可断言其毫无诚意,中日也无合作可能,且知其必不许我革命成功,而其后必将妨碍我革命军北伐行动,以阻止中国统一。"

蒋介石是军事家、政治家,他的预见是正确的,日本怎么能让他率部统一中国呢?中国如果统一了,日本的利益就会受到影响,这正是后来日本出兵侵略中国的原因。当然,关于当时中日关系演变都是后话,不必细说,这里主要讲的是蒋介石求婚的事。

中国有句俗语:英雄难过美人关。蒋介石就是一个爱美人更爱江山的人。

宋夫人是不愿意见蒋介石的,她得知蒋介石到日本的消息后,立即从长崎乘飞机到了镰仓。

蒋介石是什么人,岂能死心!他信心十足,一定要见到宋母。后来,在大女儿宋霭龄的劝说下宋夫人终于同意和蒋介石见面。

宋夫人不同意这门婚事,是考虑到蒋介石的家庭问题,她知道蒋介石是已婚男人,还有在外拈花惹草、金屋藏娇的喜好。

蒋介石是有备而来的,此时,他的确与毛福梅已离婚。他将离婚协议交给宋母说:"请伯母放心,我蒋某人是一个敢于负责的男人,过去我承受着包办婚姻之苦,自从见了美龄后,我们就真心相爱了,为了实现我们结为夫妻的梦想,我已和老家的毛氏解除了婚姻。"

说毕,他将离婚协议交宋母过目。

宋母接过那张纸,并没有看,随手放在身边茶座上,望着蒋介石说:"你与原配夫人离了婚,但你的偏房呢?听说你在上海是金屋藏娇呀!"

蒋介石说:"伯母呀,这些都不是事实,她们与我都是革命同志关系,社会上的流言蜚语全是假的,晚辈这些年来为革命奔走,得罪了一些人,这全是诽谤呀!"

宋夫人沉思了一会儿,说:"你是军人,征战四方,动枪动刀,杀人流血,这与基督教教义是不相容的。"

蒋介石说:"是的,打仗就得流血,但我认为战争不一定都是罪恶。"

宋夫人说:"此话怎讲?"

蒋介石说:"比方说吧,大卫击毙歌利亚的战争,耶和华焚毁两座城池的战争,都是为了正义而战的。"

宋夫人说:"我是主张婚姻自由的,你们都是新时代的人,自由恋爱我没有意见,但我是一个信教之人,希望我的女婿和我信仰一致,你愿意成为基督教徒吗?"

蒋介石有点为难,他说:"信仰问题是大事,得心诚呀!我对《圣经》没有研究,请允许我先研究一下,我不能随便允诺接受基督教。"

宋母对蒋介石的这个态度很不满意。她说:"先研究研究《圣经》是可以的,但这是一个条件,你和我女儿结婚必须信奉上帝,受洗礼成为基督徒,我女儿是虔诚的教徒,两人必须有共同的宗教信仰。"

宋夫人转身从手提箱里取出一本《圣经》,递给蒋介石说:"基督教是世界上最伟大的宗教。我相信你会喜欢它的。这部《圣经》是美龄父亲的遗物,他临终时曾经嘱咐我,将这部《圣经》送给未来的三女婿。"

蒋介石说:"谢谢您!我一定谨遵教诲,认真研读《圣经》,不负老夫人厚望!"

在信仰问题上蒋介石还是很慎重的,虽说他一心想娶宋家三小姐为妻,但他并没有当场向宋母表态自己一定会信奉基督教。

他从日本回来,将宋母送他的那本《圣经》研读完之后,认为可以接受其思想,后来才正式洗礼,信奉了基督教。

宋家阻力克服了,接着就得处理姚小姐和陈小姐的关系问题。

姚小姐好办,本来她就没有名分,早已分手了,最难办的是陈洁如。后经朋友从中协调,陈洁如才同意去美国。

当然可以说蒋、宋结合是政治结合,但我们应该分析一下,以当时宋家在上海的社会地位,无论是财富还是声誉及宋美龄的才貌,除大权在握的蒋介石之外,的确再找不出一位门当户对的人。

在旧中国，要保持一个大家族的兴旺发达，没有一定的政治背景是不行的，这正是宋霭龄的聪明之处，她导演的这门婚事，终于使蒋、宋两家成为影响中国历史的大家族。

1927年9月16日，宋霭龄在上海西摩路宋宅举行中外记者会，正式向外界公开介绍蒋总司令和宋美龄的恋情，并宣布他们两人将要结婚。

这个消息震撼了上海滩，震荡了中国的军政界，也震动了海内外。《纽约时报》发布了蒋介石与孙夫人妹妹结婚的消息，并称一位英国裁缝正在替蒋介石赶制礼服。

过了几天，蒋介石在《申报》和《民国日报》刊发"蒋中正启事：各同志对于中正家事，多有来书质询者，因未及遍复，特奉告如下：民国十年，原配毛氏与中正正式离婚，其他二氏，本无婚约，现已与中正脱离关系。现在除家有二子外，并无妻女，唯传闻失真，易生混惑，专此布告。"

蒋介石与宋美龄是何时结婚的呢？准确地说是1927年12月。

地点是上海大华饭店。

为了这对非同寻常的新人，当时饭店物色了300多名身材出众，胖瘦均匀的美女充当婚礼招待人，接待来自全国各地的客人。

新娘宋美龄在大哥宋子文的搀扶下，随着悠扬的结婚进行曲进入大厅礼堂，男傧相是大姐夫孔祥熙，女傧相有4人。

时任上海《时报》采访部主任的金雄白，后来回忆蒋、宋婚礼的情景时说："蒋、宋结婚的日子，我记不清楚了。礼堂在戈登路的大华饭店，那是上海最豪华的一家西式大饭店。当时米价还是每担3元的时候，大华饭店一碟牛排，就取价4元了。因为蒋夫人是虔诚的基督教徒，因此在西藏路慕尔堂由牧师余日章为他们主持了宗教式的婚礼，观礼者限于近亲寥寥数人，连新闻记者也被拒绝参加，宗教婚礼完成后，才同车来到大华饭店，再补行另一次的公开仪式。

"那天冠盖云集，济济一堂，这次婚礼的另一特点，是证婚人有五位之多，记得有谭延闿、吴稚晖、蔡元培、何香凝等人。记得那天，蒋氏穿一套长礼服，蒋夫人则为白缎旗袍，他们沿袭西方礼俗，交换婚戒，那时还不多见。"

结婚那天，蒋介石在报上发表《我们的今日》文章：

"我今天和最敬爱的宋女士结婚，是有生以来最光荣、最愉快的事，我们结婚以后，革命事业必定更有进步，从今可以安心担当革命之大任……我们的结婚，可以给中国旧社会以影响，同时又给新社会以贡献。"

当天，上海《申报》刊登了两则启事，一是蒋宋联姻，一是蒋介石的离婚声明，声明称："毛氏发妻，早经仳离；姚、陈二妾，本无契约。"

这场婚礼备受各方关注，据知情者说，花费达上百万元。

从表面上看，这是一场完美的婚姻，明眼人都知道是怎么回事。所以，宋庆龄是看得最明白的一个人，她曾明确说，这是政治，不是婚姻！

### 是谁软禁了第一夫人

1928年2月2日，国民党二届四中全会在南京召开。蒋介石被"推举"为中央执委会常委、军事委员会主席、中央政治局会议主席。

从此，蒋介石终于实现了他的美梦——掌握三位一体大权。这时的宋美龄风光无限，成了中国第一夫人。

这时的蒋介石已经是一个实力派人物，但从上海滩发生的许多事来看，也有人不买他的账，是什么人？那就是黑社会。

想在旧上海混，没有背景是不行的，想在这里求生，特别是想做大事，就得找一个"地头蛇"做靠山，就得加入帮会。

婚后郊游的蒋介石、宋美龄夫妇

当时上海滩有三个最有实力和影响的帮会头子：黄金荣、杜月笙、张啸林，谁要是拜其中一人做靠山，就没人敢欺侮了。蒋介石当年初到上海时，就到处打听这三个人，他曾拜杜月笙为靠山，因此，得到了各方面的照顾。当然，这些地头蛇是不会白出力的，要向其门徒们收取保护费。蒋介石混得不错，但也不能例外。

蒋介石当上总司令后还向青帮头子杜月笙交纳所谓的保护费。宋美龄知道后，感到很意外，她认为虽然保护费不多，但是蒋介石现在的身份不同了，再向帮会交纳保护费就会造成不良影响，影响蒋介石的声誉。

蒋介石是一个要面子的人，夫人这么一说，他深感自己正在春风得意之时，为什么还要向这些人低头呢？

从此，蒋介石不再给他们交保护费，为了显示自己总司令的威仪，出入前呼后拥，身边带着一帮侍卫，他带着夫人在上海街市出现时更是盛气凌人，一副不可一世的样子。

蒋介石的这种做法引起了帮会头子杜月笙的不满，当年蒋介石有求于他，但现在发迹了却不把他放在眼里，钱自然是小事，但自尊心受到了伤害，他准备教训一下蒋总司令，于是策划绑架他的夫人。

关于杜月笙当年变相绑架蒋夫人的传说有两个版本，因当事人不愿意透露实情，事隔多年，哪一个真实呢？这件事迄今仍是一个谜。

**传说之一**

杜月笙不满意蒋介石看不起他，决心要给蒋介石一个下马威。

在杜月笙的策划下，他的部下得知宋美龄每个月都会亲自到先施公司选购外国进口的化妆品，先施公司位于上海租界内，是蒋介石管辖不到的地区，他们决定在此地下手。

经过精心策划，杜月笙派人仿制了一辆宋美龄的座车，从车型、车牌号码、颜色等完全一样，连驾驶员外貌、身材、服装也一模一样。

当宋美龄到达先施公司购物时，杜月笙手下仿制的轿车，也准时停到先施公司另一个大门口，该公司另一个大门口正停着她的车，杜月笙手下发动了许多男女老幼故意出出进进，造成混乱现象，只剩下仿制车停的那个大门出口人群不多。

当宋美龄选好物品后，随从人员避开拥挤的人群出来了，她看到杜月笙手下仿制的座车，以为是自己的座车，就迅速上车，于是宋美龄在不知不觉中被杜月笙控制了。

杜月笙随即拨电话，告诉蒋介石，他要请宋美龄"做客三天"！

传说宋美龄经过"做客"事件后，蒋介石和杜月笙的关系更加密切，在抗战期间，杜月笙发动手下在上海及长江一带，协助蒋介石对日军进行游击战。

**传说之二**

蒋介石和宋美龄度完蜜月后回到上海，当时蒋介石忙于公务，夫人则忙于拜会亲朋好友，参加上流社会的各种社交活动。

有一天，蒋介石办完事回到公馆，发现夫人不见了，便问用人："夫人上哪了？"

用人说："夫人到她姐姐家去了，中午有一个小姐来接她走的。"

蒋介石立即给宋霭龄打电话询问，当他得知宋美龄没有在姐姐家时，就马上意识到事情不妙，可能是出麻烦了。

蒋介石问用人："你是否认识那个来接夫人的人？"

用人说："不认识。夫人是和蔡妈一起出去的，是一辆豪华轿车，牌子叫罗伊斯。来接的那位小姐很漂亮，跟夫人在花园里说了一会话之后才走的。"

蒋介石清楚在上海拥有这种豪华轿车的人不多，他马上给宋子文打电话，但没有人接电话。

原来，宋美龄和蔡妈是被杜月笙骗走的。

杜月笙用汽车将蒋夫人和蔡妈接到了西摩路的杜公馆。

一下汽车宋美龄就意识到情况不妙，她问："这是什么地方，你们把我带到这里来干什么？"

"蒋夫人，实在对不起，这里是杜公馆，我是奉老板之命把你接来的，其他的事我一概不知。"接她的女士说。

宋美龄根本不买黑社会的账，她觉得杜月笙胆大包天，竟敢对总司令夫人不敬，她越想越生气。

这时杜月笙笑着从门口迎了出来。他说："蒋夫人，别误会，没有别的意思，我怕你一个人在家寂寞，特意派人将你接来玩玩，高攀一下你这位总司令夫人，对你的安全我会负全责的。"

宋美龄知道他的用意，但又不好说什么。

杜月笙似乎很客气，转身对妻子说："你来吧，陪蒋夫人消遣吧！"

宋美龄被杜公馆的一群女人请到屋里，被按在准备好的桌上玩牌。这时，宋美龄的贴身用人蔡妈很生气，大声叫喊："你放我们出去，我们要回去。"

杜月笙听到蔡妈的叫喊声，更加生气了，此时，宋子文打电话来了。

在电话里宋子文听懂了杜月笙的弦外之音，主要是为交纳"保护费"的事。

宋子文放下话筒，立即驾车来到杜公馆将妹妹接走了。

据说，后来，宋子文私下一直替蒋介石支付这笔"保护费"。杜月笙目的达到了，气也出了，后来与蒋介石的关系更加密切了。

这两种传说并不是官方的版本，时过境迁，当年宋夫人在上海的遇险之谜是无法揭开的，当事人都不在了，传说是否可信呢？这是很难说的。

### 结婚三年后才接受基督教洗礼

蒋介石与宋美龄结婚之后的第3年，他总算落实了宋家提出的一个条件：信奉基督教。

为什么蒋介石与宋美龄结婚之后拖了3年才接受洗礼呢？据蒋介石后来解释说，他是深入地研读了《圣经》之后才下决心的，用了3年时间来研究《圣经》，这说明他是一个非常严肃的人。

1928年的某一天，美国牧师江长川接到蒋夫人的一封急电，要他立即去南京。他于次日清晨到了南京，得知蒋夫人要让他劝蒋介石接受基督教，如果有可能，则由他担任洗礼。但是这次宋美龄并没有说服蒋介石同意洗礼，但从蒋介石的态度来看，他还是对基督教感兴趣的，只是接受洗礼的时机还不成熟。

后来，为什么蒋介石主动提出接受洗礼呢？据知情者说，这与他在战争中的处境有关。有一天，在战斗中，蒋介石被敌军围困在开封附近，根本无法突出重围。身处危险之境，蒋介石祈祷上帝解救，并发誓：如果这次得救，即正式信仰基督为救主。

上帝被他的真心所感动，接受了他的祈祷，突然骤降大雪。

在这样的季节下大雪的确是罕见的，大雪使敌军无法进犯。接着，他的援军已从南京赶来，结果是蒋介石转败为胜。

这正是3年后，江牧师从美国回来被邀请为蒋介石施行洗礼的一个原因。

事实是蒋介石玩了个心眼，把婚前必须履行的"洗礼"仪式拖到结婚3年之后，这期间，宋美龄一直在逼他，他都没有答应。这是为什么？其中隐情，蒋介石本人从未曾流露过。

我们有理由相信蒋介石对基督教是有抵触情绪的，为什么这么说？因为在蒋介石的潜意识中还是对中国传统文化感兴趣，他非常迷信，相信风水学、星相学，尤其是他的母亲和原配夫人毛氏都笃信佛学，这对他的影响很大。

也许蒋介石认为，他是信风水、星相的，如果接受了基督教的洗礼，岂不成了一个"异教徒"？如何面对蒋氏祠堂里的列祖列宗？还有一个原因，那就是他与宋美龄结婚之后，权力并不稳定，如果他信了基督教，怎么面对他的人民，面对他的部下？他自称是孙中山的学生，怎么忽然变成了"上帝"的子民？声称要实行"三民主义"，怎么又信奉基督？这会有损他的政治形象。

1930年，情况变了。通过战争，蒋介石打败了许多军阀，收买了地方大大小小的实力派，政权、党权、军权都得到了巩固，他的政治形象高大了，他想当总统，就必须在国际上取得美国的支持。美国人是信奉基督教的，因此，这时他才同意正式接受洗礼，这自然是有其政治目的。

如果不是为了实现自己的愿望，也许他是不会接受洗礼的，一个"三民主义"的实践者，又变成了一个基督徒，这本身是不可思议的事，从这些事我们可以看出蒋介石性格的复杂性，也可以看出他的真实用意。

# 第四章
## 养子关系之谜

### 蒋纬国的亲生父母是谁

蒋介石对其两个儿子曾经做过这样的评价:"经儿可教,纬儿可爱。"

奉化溪口老家的许多人都目睹了蒋介石对养子的百般疼爱。当时蒋纬国活泼可爱,蒋介石常常把他高高举起,让他骑在自己脖子上在镇上散步。

蒋纬国生性好动,蒋介石也经常为他的安全问题担心。

1919年8月的一天,蒋介石在溪口带纬国坐轿子到源和钱庄办事,不等轿子停稳,纬国就抢先跳了下来,差点跌倒在地。蒋介石一场虚惊之后在日记中写道:"纬儿顽皮,禁闭少许,事后甚怜之。"

这就是养父爱子的一面,但蒋纬国失去了生母之爱,这是谁也补偿不了的。他的亲生母亲是日本人,这一点没有什么疑问,关键问题是亲生父亲是谁?一个多世纪过去了,这个谜底始终没有揭开。他的生母情况如何?也没有一个完美的说法。比如说,她叫什么?她死于何年何月?关于这些问题因当事人不愿透露,真相也就无法大白。

第一种说法是这个日本女人生下蒋纬国后,因患产后病就去世了,地点是在日本。

第二种说法是这个日本女人活到1977年才去世,证据是1957年蒋纬国与第二任妻子邱爱伦结婚时,是他的生母在日本主持的婚礼,之后她被蒋纬国接到台湾养老。

第三种说法是从蒋介石的日记中得出的,日记中记载蒋纬国的生母死于蒋纬国6岁那年,死因是难产。

究竟这些说法哪一个准确呢?现在是无法考证的。

1921年3月11日蒋介石的日记中写道:"晨起,得季陶书,知纬儿生母因难产而身亡,异日此儿长成知其事,必引为终天之憾,思之曷胜感悼。下午由城舍回溪口。"

蒋介石是不是蒋纬国的亲生父亲,当时人们都不敢去细问,但姚怡诚是蒋纬国的养母人们都是知道的。

据说姚怡诚曾向蒋纬国的家庭教师谈过蒋纬国的身世。据姚怡诚说,蒋纬国是戴季陶的孩子。当年讨袁失败,戴季陶遭到通缉后流亡日本,后来就与一个日本女子同居生下一个男孩,1916年,袁世凯死亡,国内政局发生变化,戴季陶便回国。

过了一段时间,那个日本女人带着儿子来上海找戴季陶,没有想到他却不敢相认,因为他的妻子是名门出身,对他管束很严。没有办法,他只好拿出一笔钱给那个日本女人,劝说她回国,但那女人不想带儿子回去,戴季陶就向蒋介石诉苦。

后来,蒋介石将这个孩子带回溪口,并向他的母亲王采玉、第一夫人毛福梅、第二夫人姚怡诚说明了情况,商定对外就说是姚氏所生,取名纬国。

于是,这个男孩就成了蒋家的后代。从此,这个孩子就与蒋家结下了不解之缘,他是在姚怡诚的精心抚养下长大的,他知道姚氏并不是他的生母,但他与她的感情是别人无法替代的。

关于蒋纬国的身世问题后来蒋介石也在玩文字游戏。据知情人说,在修蒋家族谱时,蒋纬国曾打听谱中有没有写他的母亲,编修人员告诉他没有,是根据他父亲手稿编列的。

蒋纬国听后黯然神伤,对身边的人说:"此事过30年再说吧!"

## 为什么会有不同版本的传说

身世之谜成了蒋纬国晚年的一块心病,正是这个要害问题造成他与实权派人物蒋经国的不合。有一次,他曾公开对香港一名记者说:"我现在处境很不好呀!这是为什么?因为我不具有'第一世家'的血统。"

蒋介石去世后,有关他的传说更加公开化了,后来又有知情者撰文披露了蒋纬国身世的另一个版本,这个版本的可信度也是值得推敲的。

据当时毕业于日本振武士官学校的知情人回忆,说蒋介石在日本留学期间结识了在日本避难的孙中山,当时清政府促请日本政府协助逮捕孙先生。日本政府表面上答应了,但暗中又指派"黑龙社"的人保护孙中山。蒋介石经常到"黑龙社"的场所与孙先生会晤。当时"黑龙社"雇用了一位18岁的女子,她丰满可爱,很招男人喜欢。后来,蒋介石就与这个女子好上了,在外租房同居,并生下一个男孩。

中国革命形势发生好转后蒋介石便奉命回国了。

后来,蒋介石将这个孩子接到他的老家抚养。

关于这个女子的后来情况人们并不知道,那么这个孩子是不是蒋纬国呢?据说1984年宋美龄在美国病重时,蒋纬国于7月29日专程飞往美国探望。这时,在台北的戴季陶的儿子戴安国病情很严重,

抗战时期，蒋介石与次子蒋纬国在重庆

蒋纬国在纽约停留一周后就赶回台北了。

这是为什么呢？据说戴安国本应姓蒋，他才是蒋介石与那个女子的爱情结晶，蒋纬国应姓戴，是戴季陶的儿子。当时有许多人从"经国""纬国""安国"的字义来推敲他们三个人与蒋家的关系，但似乎都没有一个合理的说法。

近来，笔者从一个海外朋友那儿得到了一本香港版本的《蒋纬国传》。这本书对蒋纬国的身世有更详尽的描述，书中说蒋纬国的母亲是一位名叫津渊美智子的日本女子。辛亥革命前夕，蒋介石和戴季陶赴日留学，便认识了津渊美智子。戴季陶才华横溢，风流倜傥，赢得了这个日本女子的芳心，其结果是有了安国和纬国两个儿子。1916年，戴季陶带着这个女子回到上海生活，1920年这个女子又只身返回日本。

我们从《陈洁如回忆录》中也可以看到有关蒋纬国身世的描述，书中写到蒋介石曾亲口跟陈洁如说过蒋纬国的身世。蒋纬国是戴季陶和日本女人爱子的儿子，戴季陶回国后，爱子带着蒋纬国千里寻夫，但是戴季陶拒绝相认。爱子心灰意冷，将蒋纬国遗弃在蒋介石家中，自己离开。蒋介石可怜男孩无父无母，就收养了他，取名蒋纬国，并将他带回老家给二夫人抚养。

应该说，这是迄今为止，我们能看到的一个比较权威的说法了，因为这些话出自当事人蒋介石之口，从后来许多迹象来看，蒋纬国的确没有"第一家庭"的血统。

从小蒋纬国就知道他的亲生父亲不是蒋介石，也曾以义父相称。虽然他不是蒋介石的儿子，但后来蒋家人对他却很好。关于蒋介石对蒋纬国的关爱之情，在他的日记中是可以看到的，他写道："日间纬儿寒热未退，心殊担忧。纬儿寒热较烈，终夕悬悬，寝不能安席，乃知吾母鞠育子女之苦也。"

## 兄弟关系若即若离之谜

童年生活是珍贵的，也是永难磨灭的。

蒋纬国晚年在回忆文章中说，当年姚夫人带着他回到溪口后与毛夫人相处并不融洽。当时老夫人王氏病得很严重，整天躺在床上，为了侍奉老人方便，姚怡诚便把毛夫人从外面的小屋接到里屋住，没想到毛夫人反而要他们母子住到柴房里去了。

蒋纬国回忆说："那个柴房不大，一个角落养了几头猪，另一个角落堆着稻草，我们就睡在草堆上，下面铺的是稻草，上面盖的也是稻草。稻草里有许多跳蚤，我和母亲被咬得浑身是红点，母亲是大人还抵受得住，我不行，后来就病了。"

后来，姚怡诚就带着蒋纬国到宁波上学。当时他们母子租的房子并不理想，在江北岸，是凶宅，已经有好长时间没有人居住。当时蒋介石没有钱，看到租金便宜就让他们搬进去，后来，蒋经国也来到这里上学。

3年后，兄弟两人同时进入上海万竹小学，跟蒋介石的第三夫人陈洁如生活在一起。

兄弟俩从小生活在一起，彼此很了解，他们都知道不是一母所生，因此，兄弟两人的关系是若即若离，从小是这样，长大后仍是这样。

蒋纬国对蒋经国从内心有一种"敬畏"之情。

后来蒋纬国对外声称，哥哥处事平稳，富有正义感，很有才干，所以才敬他。他也认为蒋经国城府很深，对他又有所算计，并掌握了实权，所以畏他。

他还多次说,几十年来与哥哥相处的方式,就是避免冲突,哥哥说什么就是什么。自己虽说受了许多委屈,也从不向父亲提起。

熟悉这兄弟俩的人都认为,他们之间的个性差异很大。蒋经国的领导能力很强,具有正义感,疾恶如仇,城府很深,在用人方面多疑。蒋纬国外向、爽朗、幽默、易与人推心置腹。为什么有如此大的差异,应该说这与他们幼年的际遇及青年时期出国学习的环境有关。蒋经国并未受到蒋介石的疼爱,有时甚至在威严的父亲面前发抖,而蒋纬国自幼聪明伶俐,和蒋介石的父子之情很深。

正因为兄弟二人的成长环境不同,性格特征、生活态度和为人处世风格就相差很大。这也是兄弟二人后来关系一直不是很密切的原因。

蒋纬国是一个很潇洒的男人,身上流露出绅士风度,讲究吃穿,注重仪表,为人热情,是一个很重视个人生活质量的人,也是一个懂得享受人生的人。他的生活态度是只要有能力能负担得起,就应该去享受高品质的生活,不要跟自己过不去,不当苦行僧,这种观念正是西方人生存的态度。据知情者说,蒋纬国在台湾生活了几十年,多次换房,越换越大,最后在台北市溪山里至善路盖了一栋很讲究的楼房,蒋经国对此很有看法,好在蒋纬国用的是自己的钱,他也就不好说什么。

虽说蒋经国也留过洋,但他过的是共产主义的生活,由此培养的生活作风自然是以苦为荣,以苦为乐。他在苏联养成的吃苦节俭习惯影响了他的一生。说来也怪,他是国民党党员,并不是共产党员,但在人生的一些理念上却是共产主义式的。他是一个很平民化的人,他自己从来不置产业,也厌恶别人置产业,他认为一个很注重个人家产的人就是一个道德情操有问题的人。因此,他上台后,对那些热衷于置个人产业的高级官员提出了严厉批评,有许多人还因此丢了官。他认为一心为公的官员情操是高尚的,就不应该做这些事。置产业就得花钱,钱从哪里来?这与贪污腐败有直接关系,因此,他对这种人是不会重用的。

他后来与蒋纬国关系不是很和谐,正是人生态度上存在着很大分歧。

蒋纬国也公开说,他们兄弟之间人生态度差异很大,"哥哥认为应该是为工作而生活,而我则认为是为生活而工作"。

这就是兄弟两人在生活观念上的差异,蒋纬国有自己的生活方式。兄弟两人在多年的合作中,弟弟始终处于服从地位,却没有受到哥哥信任。几十年的恩怨至死都没有解开,也许这正是世界上豪门之家后代情感的真实写照。

从许多方面来看,当年蒋介石对蒋纬国的成长是很重视的。在蒋经国赴俄留学,并与父亲失和的那段时间,蒋介石对蒋纬国的关爱曾超过蒋经国。

国民党败走台湾,戴季陶去世,蒋纬国的前程一下暗淡下来,往日对他非常疼爱的蒋介石对他渐渐冷落。从一些现象来看,虽说他在军界,但个人发展已越来越受到限制,这是为什么?其中原因只有蒋介石心中有数。

不管怎么说,蒋纬国的生母是日本人这是没有疑问的。

1953年,蒋纬国夫人石静宜去世后他的内心很痛苦,为了化解他的消极情绪,蒋介石经过考虑又将他送到美国进修,这次出国更加深了他对生母的思念之情。听说他后来途经日本时,特意到东京找到了知情人山田纯太郎,也终于弄清了生母的一些情况。

据这位当事人说,他的母亲早就去世了,死后葬在东京近郊的青山公墓里,第二次世界大战时东京遭到轰炸,原有的坟墓已被炸掉,墓地不存在了。

蒋纬国独自一人来到了青山公墓,来到了生母的安息之地,但这里已面目全非,几十年过去了,已找不到生母墓址,他只好默默地站了一会儿就离开了。

据说,从此,他只要踏上日本国土,都会去青山公墓默默地走一圈,这种生不见亲母,死了又不见坟墓的复杂心情是外人无法理解的。

1989年,这位古稀老人,这位蒋家后人,参加了戴季陶诞辰100年纪念会后,突然心血来潮,当着许多记者的面宣称,要对外征求自己的身世真相,以解身世之谜。

后来,有许多热心人送来了有关资料,但他却沉默了。为什么不愿意站出来说明真相,除了热心人提供的资料的真实性有许多疑点之外,主要原因是政治问题。几十年来,蒋介石及宋美龄待他如亲生儿子,他怎能不存感恩之心,已经到了这个年纪,再去伤蒋氏家族的和气就没有必要了,因此,他直到去世也没有再公开自己的身份真相。

## 为养母秘办丧事之谜

蒋介石为了与宋美龄结婚,离弃了之前的几位夫人。在姚怡诚的问题上正因为有蒋纬国,蒋介石还是比较开恩的。后来,姚怡诚带着蒋纬国移居苏州,生活费仍由蒋介石负担。吴忠信在苏州凤凰街的孔副司巷有个宅院,古木参天,亭台楼榭,幽静雅致,姚怡诚就暂时居住在这里。

姚怡诚后来在南园的蔡贞坊选中一块地皮,该地原名十字圩,为苏州最昂贵的旱地,每亩100大洋。建筑工程也是由蒋介石在幕后主持的。

1929年,蒋公馆落成后,姚怡诚便和蒋纬国住进这个公馆。为避开耳目,一般来说,住在这里的人都从后门进出。大门的警卫工作由苏州市警察局派人站岗。

虽说姚怡诚生活无忧,但感情上却相当寂寞,她好像也看破了红尘,开始吃斋念佛,与婆婆王采玉一样变成了佛教徒。

据她身边人回忆说,那时姚怡诚专心教子,一心向佛,平时饭菜简单,每餐二三个素菜,就餐前先要到佛堂念经,然后才进餐。遇到菩萨生日和其他斋日,菜肴特别丰盛,姚怡诚常叫用人把煎好的豆腐分送给几户居民，果园里的桃、李、杏、梅成熟时，也要分一些给附近的小孩。

姚怡诚笃信佛教，经张纪云的介绍，拜灵岩山寺高僧印光大法师为师父，潜心修行，佛珠不离身，经常可以看到她在念经，手不停地数着佛珠。

她衣着素雅，喜欢穿深色服装。秋冬常穿黑色绸缎夹衫和丝绒旗袍，春夏爱穿阴丹士林做的衣服。她没有缠过脚，最欢喜穿的是绣花缎面鞋子，平时没有事，也搓搓麻将，但此时的搓麻将与前几年的赌博性质完全不同，只是为了消磨时光。

据说她在苏州居住期间与蒋介石常有书信往来，也见过几次面，但从不同居。有时蒋介石因公路过苏州，她便带着蒋纬国与蒋介石会晤。

1937年，蒋经国从苏联带着夫人蒋方良和3岁多的儿子孝文回国补办婚礼时，姚怡诚特地带着蒋纬国赶往溪口丰镐房团聚。

抗战爆发后，她随蒋纬国移居重庆，后又一度移居赣南及兰州。

抗战胜利后，她又返回苏州居住。这时，蒋纬国在国民党部队服役，姚怡诚已上了年纪，生活方面由侄儿姚觉和负责照料。

有人曾给蒋介石报告说，在苏州的几年时间，姚怡诚清心寡欲，一头乌丝，看上去仍很年轻。

国民党兵败台湾时，姚怡诚随蒋纬国去了台湾，同行的还有侄儿姚觉和。姚怡诚和蒋介石结婚后，没有生育，只收养了蒋纬国一个儿子。

多年后，蒋纬国曾自述自己的幼年成长环境。他说，从1岁到5岁之前，一直寄养在上海朱姓和邱姓的家中，与戴季陶家常有往来。4岁半那年，随蒋介石回到奉化溪口，由姚怡诚抚养，称姚氏为"养母"，称毛氏为"娘"，称王太夫人为"祖母"。

1966年姚怡诚在台湾病逝。

正因为她是一个特殊人物，如何办理她的丧事呢？就葬礼的规格蒋纬国曾请示蒋介石。蒋介石得知姚怡诚去世的消息后也很悲伤，默然了一会儿，对蒋纬国说："你负责把你义母的后事办好，但要顾全咱们蒋家的声誉，不可声张！"

蒋纬国奉命办理养母丧事，从当时的情况来看，姚怡诚的葬礼是在外界毫不知晓的情况下悄悄举行的，为什么这样做，正是为了顾全蒋家声誉。

说句公道话，这个女人自从认识蒋介石后，她的人生就是不幸的，多亏收养了蒋纬国，否则她的后半生也许会很悲惨。蒋纬国是一个讲良心的人，以这种规模、这种方式为养母举办葬礼，从内心来说实在对不起抚养之恩，但当时的环境就是那样，因此，他始终为这件事闷闷不乐，只要想起养母，便觉得对不起她。

直到1990年，蒋介石与蒋经国均已去世，客观环境变了，蒋纬国终于得到了补报机会，在台北的善导寺为姚怡诚举行了隆重的诞辰百岁纪念追悼会，这才算了却他心中的一件大事。

## 蒋纬国升级"上将"之谜

蒋介石离开人世之前，并没有解决好两个儿子之间的矛盾，这就使蒋纬国的心情一直很郁闷。

蒋纬国自1961年升为"中将"后历时14年，蒋介石再未给他升一级，而是让他出国读书，回来之后又让他办教育，从战争学院到三军联大一干就是十多年。直到蒋介石去世，蒋纬国即将退役，在宋美龄的过问下蒋经国才把他升为"陆军二级上将"。

1975年9月，宋美龄准备赴美居住，在她赴美之前，官邸更热闹了，许多人都在收拾行李。在她启程的前一个小时，蒋纬国突然来到士林官邸，这一天，他全副戎装，还佩带勋章、勋标，进门便给夫人敬礼。宋美龄感到很奇怪，便问："你穿军装的确很精神，但平常来这里都不穿，为什么今天又穿军装又行军礼？"

蒋纬国说："妈妈有所不知，因为过几天我就没有资格穿军服了，所以今天给妈妈送行，特地让妈妈看看我穿军装的模样。"

宋美龄被他说糊涂了，又问："这是为什么？"

蒋纬国说："军中有制度，强制限龄退役，今年我已到了'中将'退役年龄，已在报请退役了。"

军人有限龄退役之事她是不清楚的，她不明白为什么何应钦、薛岳等老军人一直都穿着军装呢？

蒋纬国解释说："他们是'一级上将'，终身制。"

他们正在说话，蒋经国一家人进来了。蒋纬国站起来向大哥行了个军礼。蒋经国挥手说："在家里来这一套干什么？"

宋美龄指着蒋纬国问："他做军人还行吗？"

蒋经国说："他本来就是军人，干得很出色。"

宋美龄说："既然他很出色，为什么听说他在办报请退役手续？"

蒋经国明白其意，马上说："纬国'中将'年龄到了，我也听说他在报请限龄退役，不过我已经交代给他办升级'上将'的事情。"

就这样，在宋美龄的过问下蒋经国才让蒋纬国当上了"上将"。

# 第五章 管人用人之谜

## 为什么要拿韩复榘开刀

抗战之初,蒋介石对山东省主席韩复榘的处置真可谓是大快人心,的确起到了威慑作用,这件事是蒋介石在管人用人上的一个正面范例。

韩复榘在抗日战争中,为了保存自己的实力,多次违抗作战命令,是一个消极抗战的地方将领。在当时的特殊情况下,他除了拉拢、联合其他地方实力派外,还与日本帝国主义进行勾结,取缔反日宣传,镇压爱国运动。

日本人是有意拉拢他的,希望山东能自治。

他虽然对日本人抱有许多幻想,但让他公开做汉奸还是不行的。他对日本人说:"这里是山东地盘,不是华北,也不是'满洲',本主席手里有权,谁要是惹得老子上了火,别怪老子不客气!"

蒋介石对韩复榘的立场也很担心,他对山东省教育厅厅长何思源说:"你回山东,代表我告诉韩复榘,只要跟着我走,到哪里我都把哪里的军政大权交给他。"

何思源回到山东把蒋介石的话告诉韩复榘,韩复榘表态说:"我不会跟日本人搞在一块的。"

作为地方长官,何去何从,韩复榘还在犹豫。

后来,蒋介石一纸命令,韩复榘的第三路军,东北于学忠的第51军,沈鸿烈的青岛守备队与第三舰队编为第三集团军,由韩复榘任总司令,于学忠、沈鸿烈任副总司令,负责指挥山东军事,承担黄河防务。

接着又委任韩复榘为第五战区副司令长官。

韩复榘有三个军五个师,另有一个旅。

他的布防情况为:孙桐萱师、李汉章师担任济南以北黄河防务;谷良民师担任胶东烟台及周村以北黄河防务;于学忠部在青岛担任海防;曹福林师、展书堂师在鲁北驻防；手枪旅警戒济南。

冯玉祥在冀鲁交界处之桑园设立了第六战区长官司令部，指挥宋哲元、冯治安的第一集团军等部。蒋介石曾命令韩复榘拨出两师归冯指挥，他迫于形势才勉强派出曹福林的第29师和展书堂的第81师。

但是，在作战中，这两个师根本不听从指挥，仍由韩复榘遥控。蒋介石命令他趁机攻取德州、沧州，正当81师乘胜追击日军之际，韩复榘突然打电话给展书堂，要他立即率军撤退。展书堂说："大敌当头，现在怎么能后撤呢？"

韩复榘说："让你撤，你就撤！有人想拆咱们的台，咱们凭什么当冤大头？沦陷就沦陷，当亡国奴的反正不只咱一个，先撤回来再说！"

韩复榘在关键时刻撤回一个师，致使冯治安失去援军全线溃退。

韩复榘按兵不动，致使日军气势汹汹进逼到黄河北岸。这时孙桐萱师长说："如果主席不去打，恐怕三路军官兵不同意，跟主席走的就不多了。"

没有办法了，他才率手枪旅渡过黄河与冯玉祥一起到前线督战。

这次出兵他失败了，差一点当了俘虏。从战场退出来后，他下令河北防线撤退，拆毁黄河大铁桥改在黄河南岸设防。

日军很快就逼近黄河北岸，并不时向济南开炮，韩复榘仍按兵不动。

从兵力上来说，他是优于日本的，为什么不主动出击呢？许多人都问他，他说："我们就这么几万人，这个家底牺牲完了，

那时蒋介石忽然与日本人来个什么协定，那华北就没有我们的份了。虽说现在是全面抗战，但蒋介石却有先牺牲我们的诡计。让我们死守着黄河，派重炮旅支援。但要用的时候又突然调走了。他们不守南京，却让我们死守济南，叫我们用步枪跟日本人拼命吗？"

日军等了一个多月没有见韩复榘做出举动，便决定攻占济南。

这时，他不是去应战，而是主动撤退，下令将已经迁到宁阳的省府人员再迁到曹县，将各类军需物资运至河南南阳、舞阳等地，扩编的民团武装则分开到河南漯河。

他不参战，却有自己的理由，对部下说："打到底，中国是一定能取胜的，不过我们要最后参战，我已致电中央请求往后方调。"

接着，一千多名日军从济阳门台子渡口渡过了黄河，驻守在这里的谷良民师一边抵抗，一边向上报告。韩复榘回电说："日军过了黄河，我们没有大炮是挡不住的，你先撤到周村吧。"

于是，谷良民的一个师撤退下来了，紧接着周村、博山失陷。日军沿胶济路向济南进犯，韩复榘不积极抵抗，却命令各军向泰安、兖州方向撤退。

韩复榘对政府派来的联络员蒋伯诚说："我已决定放弃济南，候中央增援再行反攻。"

蒋伯诚说："这怎么能行？日军只有千余人渡过黄河，你韩主席辖有四个军十几万部队，只要坚守，日本人是过不来的。还

是请示委员长后再做决定吧！"

韩复榘很不耐烦地说："现在不是千余敌人过河的问题，而是要考虑保存现有实力伺机反攻的战略目的！这办法也不是我个人想出来的，中央百万部队都能失了国都南京，蒋委员长也是这么做的嘛！南京只是受到上海一线日军的威胁就失陷了，而我现在南北面临夹击，凭什么去冒两面夹击的风险？"

蒋伯诚只好向蒋介石发电。

蒋介石接到蒋伯诚的报告后给韩复榘发来电报，命令他不得放弃济南，但他本人已到了泰安，孙桐萱的一个师全部撤走，日军顺利占领济南。

日军乘胜进攻泰安，韩部仍在继续逃跑。蒋介石急电他死守，他却根本不听指挥。

韩复榘到达济宁后，命令一个师就地驻防，另一个师向曹县集结。因为他的部队节节败退，撤向津浦线的侧翼，津浦线上的城镇并未留主力驻守，使徐州以北津浦线空虚。

李宗仁来电责问："为什么放弃泰安？"

他回答说："南京已失，何守泰安？"

1938年1月1日，日军占领泰安、曲阜、兖州之后，分兵两路，一路沿津浦线继续南下，直逼徐州，一路沿兖（州）济（宁）线攻济宁，直逼河南的归德、柳河。

这时蒋介石命令他，不得擅自撤退，并严令他组织反攻。但韩复榘哪有心思作战呢！第二天，济宁失守。韩复榘便率部退到巨野、曹县一带。

由于韩复榘抵抗不力，几天之内，山东大半沦入日军之手。

为了惩罚韩复榘，蒋介石召何应钦、白崇禧、陈诚举行会议，决定对韩复榘依法查办。

为了诱捕他，李宗仁在徐州召集第五战区军政会议，韩复榘却借故推托，没有敢来。

后来，蒋介石亲自出马，定于1月11日召集第一、第五两战区军长以上军政人员在开封开会。

前方战事紧张，华北地区大部沦陷，为了避免日军空袭，开会地点设在开封南关外中学。韩复榘和孙桐萱及随从人员来到会场大门口，只见贴着一张通知"参加会议的将领请在此下车"。

他就地下车往里走，到了第二道门口，旁边房门上贴着随从接待处，上面通知："奉委座谕，今日高级军事会议，为慎重起见，所有与会将领，不可携带武器进入会厅，应将随身自卫武器，暂交副官处保管。"同行的将领纷纷掏出手枪交给副官处，韩复榘只好将手枪交了出来。

在这种情况下开会，大家认为蒋介石对抗战问题肯定有重要指示。军以上人员到场后，蒋介石首先按照报到的名单点名，之后从上衣兜内掏出一个小本子，问："你们带着步兵操典没有？"

150多人的会场，只有四五人回答说带了。蒋介石说很好，并将这些人的名字记下来，然后对没有带步兵操典的人说：

"典范令是每个军人应当随身携带的东西,尤其是操典,更是不可一时离身之物,典范令为什么要用小本子,就是为了能带在衣兜内,现在是战争时期,怎么连操典都不带呢?"

没有带步兵操典的人不敢吭声。

蒋介石接着说:"把操典打开,看看总则的第三条吧!"

这一条讲的是军纪问题,蒋介石接着说:"纪律是军队之命脉,没有军纪就不成为军队,军队就必须有严格的纪律,如不服从命令,就是没有军纪,没有军纪的军队,还能打仗吗?"

在这个特殊时期,蒋介石来到开封亲自主持会议却没有讲如何作战,只讲纪律问题,许多人是不理解的。他们没有想到蒋介石这次是要整治韩复榘。

蒋介石脸色一变,说:"抗日应该是我们每个将领义不容辞的责任。但是却有个别高级将领放弃山东黄河天险,违抗命令,连续失陷许多地区,使日寇顺利进入山东,影响很大。我问你韩主席,不发一枪,放弃济南、山东黄河北岸,一再向后撤退,这个责任应该由谁来承担!"

韩复榘说:"山东丢失,我有责任,可是南京丢失算是谁的责任?"

蒋介石拍打着桌子说:"我问的是山东,不是南京!南京丢失,自有人负责!"

这时坐在他身旁的刘峙说:"委座正在冒火的时候,你这是何必呢!不要惹他生气了,你先到我那里歇歇吧!"

散会后,刘峙带着韩复榘出来了。

门口有辆小车,刘峙说:"这是我的车子,请上车吧!到我家里坐坐。"

韩复榘刚一上车,就有两人坐上来,说:"我们有手谕,你已经被逮捕了。"

小汽车驶向火车站月台,韩复榘被押上专车送往武昌军法执行总部。

韩复榘被抓后,第二天继续开会,蒋介石当场宣布了韩复榘的三大罪状:

一、韩复榘没有命令,也未经许可,自动放弃济南,命令他防守泰安,他又不接受;

二、韩复榘放弃济南时,将济南所有银行的现金全部提净;

三、韩复榘在撤退前,将鲁西的民枪一律缴收。

这时大家才明白,蒋介石为什么抓他了,没有人敢为他求情。蒋介石瞅着大家说:"诸位明白了吧!这就是韩复榘所犯的罪行,国难当头,他目无法纪,任意妄为,实为国法所不容。就以自动放弃济南来说,敌人尚未渡过黄河,一枪未放,就放弃济南逃跑,我命令他在泰安防守,他又不听命令,却将部队开往曹县一带,如此自由行动,还谈得上什么军纪?他身为山东省主席,时值紧要关头,他的行为是为国人所不能容许的。你们说应不应严加惩办?我已把他交武汉军法处了。"

这次会议的气氛很紧张,一小时之后才结束。

接着是会餐,蒋介石在场,气氛仍很沉闷,没有人敢大声说话。

韩复榘被带到武汉后,他的部下曾托

人来说情，但都不管用。

1月19日，蒋介石下令组织高等军法会审，何应钦为审判长。

审前，国民党中央通讯社发电讯说："军息，第X集团区副司令长官，第X集团军总司令兼第三路军总指挥韩复榘，此次不遵守命令，擅自撤退，蒋委员长异常震怒，并韩在鲁勒派烟土，强索民捐，侵吞公款，搜缴民枪，种种不法，实属罪大恶极。已于十一日在前方令将韩氏革本兼现职，拿交军法执行总监部依法惩治，闻现已组织高等军法会审，开始审判中。"

这次审问就等于是宣判，其实在逮捕令上就注明了他的罪状和革除二级上将及本兼一切军政职务。

审讯结束后，有天晚上，两名特务上楼对韩复榘说："何部长请你谈话，请跟我们走，你家里有什么事吗？也可以写信，我们会送到的。"

他说："我没有家的。"

他起身下楼，走到楼梯口，看见院里站着许多荷枪实弹的军警，他才知道完了，他说："我脚上的鞋小，我回去换双鞋哟！"

他刚一转身，枪就响了。

他回头说："你们，打我……"

军警说："我们执行命令！"

枪声又响了，他的头部连中两弹，当场毙命。

韩复榘被枪毙后，中央通讯社摘发了国民政府军事委员会高等军法会审判判决书："被告韩复榘……不尽其守土职责及担抗能事，对于本会委员长先后电饬出师应援德州及进击沧州，牵制裁军之命令，均不遵奉；复因放军渡河，擅先放弃济南，撤退泰安。委员长继令该被告坚守鲁南防地，又不奉命令，节节后退。放弃鲁西济宁，后敌军跟踪侵入，陷军事上重大损失，处死刑！"

韩复榘之死是罪有应得，大敌当前，不积极抗战，却节节败退，影响极坏，因此，如果蒋介石不杀他，在当时的情况下，怎能平民愤呢？

## 为什么要杀兵役署长

也许人们还记得，在反映抗战的历史题材的影视作品中出现过抓壮丁的场面，应该说这些事情都是真实的，但这并不是蒋介石的主张，当他得知真相后，一怒之下杀了兵役署长。

前方打仗，后方抓壮丁，这的确是当时的一段历史。战争中补充兵员是应该的，但如果不从实际出发，违背民意，就会引起民愤，但当时抓壮丁却是兵役部门及地方官员的政绩。

在当时那种情况下，被抓的壮丁基本上都是贫苦百姓，那些有钱有势的人家和官方勾结起来从中敲诈勒索，他们的孩子怎么会被抓去呢？

举国上下，从城市到乡村，抓壮丁成风，特别是在农村，民愤极大，许多穷人的生活更加贫穷。因为不是自愿的，所以被抓来的壮丁也会逃跑，为防止他们逃跑，就用绳索捆绑起来，如同串大闸蟹似的关押起来。

关押他们的条件很恶劣，没有被子，地上只有一片垫草，这些人上了战场，有的负责运输，大多数都补充到部队去了，这种兵源怎么能打胜仗？

蒋介石作为国家元首，对这种情况并不了解。那么，国民党高层的其他官员知道不知道呢？实事求是地说，有些高官是知道的，但却没有人向上反映。

如果说不是蒋介石的二儿子蒋纬国无意中发现这些事，也许这种现象在全国会继续蔓延下去，会伤害更多百姓。

戴季陶的儿子和蒋纬国私交很深，他将兵役署在重庆关押被抓壮丁的事无意中告诉了蒋纬国，蒋纬国不太相信，他就带蒋纬国去看现场。

蒋纬国大吃一惊，壮丁不是犯人，却和犯人的生活待遇一样，伙食费被上级克扣，居住条件更差。

蒋纬国回到家将他看到的实际情况报告给蒋介石。蒋介石感到很意外，他说："真有这种事？兵役署不是说补充的兵源都是从地方自愿招来的吗！"

蒋介石当天晚上就在儿子的带领下微服私访，查看了重庆关押壮丁的几个地方，情况果真如此，蒋介石很愤怒。他对儿子说："重庆尚且如此，其他地方呢？可能比这儿还要恶劣呀！这样下去会失去民心的，会误党国大事的！这些混账！统统应该枪毙！你快传我的话，让兵役署的长官马上来见我！"

这时兵役署署长程泽润正在家里过50岁生日，突然被召见，也不知是什么事，便立即赶来了。

蒋介石瞅着他问："抓壮丁的事是怎么回事！是你下的命令？"

程泽润说："是的，这也是为了前线呀，是他们自愿的。"

蒋介石勃然大怒，操起手仗，在程泽润的头上打了一下，说道："混账东西！什么自愿，我刚刚从关押他们的地点回来，你这是危害百姓！危害党国！来人呀，将他送军法处！"

第二天，蒋介石派人又做了一番调查后，结果吓了他一跳。举国上下，老百姓对抓壮丁怨声载道，他却什么也不知道，如果不是他儿子发现，也许没有人会如实报告他。

于是，蒋介石批示军法处从严从速处理程泽润案件。

军法处的办事效率很快，第二天就将程泽润的案子审结，处15年徒刑。

他们将结果呈报给蒋介石，蒋介石什么也没有说，大笔一挥，批示："应严处，以枪毙可也！"

据说程泽润在临服刑前，上书蒋介石，乞他饶命，但蒋介石态度坚决，还对军法处的人交代："凡枪毙此类犯人，须拍照将枪毙后的情况存档。"

## 为什么没有杀张学良

众所周知，蒋介石与张学良曾是中国

近代史上两个举足轻重的人物，他们的行为影响了中国的历史进程，他们两人的恩怨也成了人们议论的话题。

"西安事变"之前两人称兄道弟，真可谓为了党国的事业是情同手足，但后来却反目为仇了，虽说张学良保全了性命，却终身失去了自由。

蒋介石是完全有能力干掉他的，却没有这样做，这是为什么呢？

在张学良晚年，自己也曾揭过这个谜底。他公开承认，在他的一生中有两位女性对他恩同再造，一个是宋美龄，一个是赵一荻。"西安事变"蒋介石没有杀他，主要是宋美龄从中保护。

张学良在回忆录中说："我没有死，关键是蒋夫人帮我。蒋先生是要把我枪毙了的，这个情形我原先不知道，但我后来看到一个东西，是美国的公使Johnson写的，他写宋(指宋美龄)对蒋先生说：'你对那个小家伙，你要对他有不利的地方，我立刻离开台湾，我把你的事情都给你公布了。'这句话很厉害。我认为蒋夫人是我的知己，蒋夫人对我这个人很了解，她说"西安事变"，他(张学良)不要金钱，也不要地盘，他要什么，他要的是牺牲……"

张学良曾公开表示，自己是非常尊崇宋美龄的。当年他们在上海认识时，张学良对她动过心，只是他已有夫人不能再去追求宋美龄。

他曾对一位好友透露心声："若不是当时已有太太，我会猛追宋美龄。"

张学良已有夫人只是一个外因，当时他是有自知之明的，他明白自己不是蒋介石的竞争对手。

后来，宋美龄还是向蒋介石抛出了红绣球，当然，这对宋家来讲，只是一种政治婚姻而已，蒋、宋两家都各有打算。

"西安事变"之后，张学良为了保全蒋介石的面子，要亲送蒋介石返回南京，蒋介石对张学良说："我不能保障你在南京的生命安全。"

张学良仍在坚持，宋美龄说："这样也好，回到南京，一定要送汉卿(指张学良)回西安的。"

蒋介石没有实践自己的诺言，宋美龄也深感为难，因为她也失信了呀！她曾说的"一定要送汉卿回西安"成了空话。

因此，宋美龄多次对蒋介石说："我们对不起汉卿呀！"

张学良失去了自由，但是她设法保住了张学良的性命。张学良在后来亲自撰写的《"西安事变"反省录》里，也在追想事变之前的阴差阳错，他承认，如果当年宋美龄也来西安，也许就不一定会发生兵变。

蒋介石做事是很阴险的，气度很小，面子第一，猜疑之心很重，在这样的男人身边生活，宋美龄自然也有苦衷呀！她是受过西方教育的人，在某种意义上来说，她比蒋介石更有远见卓识。

相比之下，宋美龄是很赞赏张学良的，张学良也受过西方教育，他与宋美龄之间共同语言很多。宋美龄认为蒋介石是对不起张学良的，因此，她设法保护张学良，这种超乎寻常的关心和爱护外人是不知道的。

据知情者说，张学良所保留的信件，大约有500多封，在这些信件中，张学良与宋美龄的通信最多。这些信件说明了自"西安事变"后宋美龄和张学良的私人关系。

张学良与宋美龄在信件交往中，感情诚挚。宋美龄直呼张学良为"汉卿"，张学良称宋美龄为"夫人"，而自称"良"。张、宋书信交往，宋美龄以英文信为多。从两人往来书信中可以看出宋美龄非常关照被软禁的张学良，体现在生活上，常送日用品、礼物给张学良，包括张学良原配夫人于凤至托她带的物品、信件。

幽禁岁月是痛苦的，后来，张学良经宋美龄劝导成为一个虔诚的基督徒。为什么让他信基督呢？这主要是为了让张学良在远离政治的生活中排遣心中的愤怒。

张学良当时也不愿意按受这个建议，他原是信佛教的，但宋美龄在劝他入教时说："汉卿你又走错了路了。不是我信就说它好，世界上很多名人都信基督教。"

后来，张学良和陪伴他的赵四小姐都成了基督徒。

张学良被幽禁后生活在香港的赵四小姐能够回到他的身边，这也是宋美龄的功劳。

宋美龄与张学良的原配夫人于凤至是好朋友，她是不喜欢赵四小姐的。但通过接触，宋美龄改变了看法，创造条件，将赵四小姐接到台湾，促使张学良与她成为夫妻。

蒋介石去世后，张学良获得了生活自由。他曾在美国对朋友说："宋美龄活着一天，我也能活一天。"

这句话正说明了宋美龄对他的保护作用。宋美龄是一个热衷权力的女人，她与张学良交往中显示出来的细腻情感，是值得人们赞美的。

2001年10月，张学良将军在夏威夷檀香山病逝，享年101岁。

宋美龄知道这个消息后很悲伤，往事如烟，他们的友谊是纯真的，虽说蒋介石没有杀害她的朋友张学良，但宋美龄仍深感内疚，她多次说："是我们对不起汉卿呀！"

宋美龄特意派代表参加了张学良的葬礼。

关于"西安事变"之后，蒋介石一直没有敢对张学良下毒手，外界说法很多。有一种说法是当年在"西安事变"谈判中，蒋介石对张学良是有一张承诺书的，这个原件被张学良托人保管起来了，如果蒋介石违背诺言杀害他，保管这个资料的人，就会公开此事，这会让蒋介石威信扫地。

当然，我们从张学良的回忆录中可以看到，他之所以能活下来，正是宋美龄暗中在起着保护神的作用，如果没有她的保护，蒋介石杀害他的可能性很大。杨虎城不是被杀害了吗？蒋介石是什么也不怕的，他不怕外界说他失信。

### 白崇禧死亡真相

桂系出身的白崇禧将军并没有得到

蒋介石的重用，到台湾后，因为与李宗仁这层关系，便吃了不少苦头。当年正是他以强大的军事力量来支持李宗仁与蒋介石唱对台戏，李宗仁一走了之，白崇禧受蒋介石指示，暗中牵制着李宗仁，但他并没有完成这项并不光彩的任务。

1965年，李宗仁夫妇排除艰难险阻回到大陆，抵达北京后受到中共党政军领导人的热烈欢迎，此举在国内、国外引起轩然大波，李宗仁是风光了，却没有想到他的远在台湾的老朋友白崇禧的日子不好过了。

李宗仁回到大陆，白崇禧失去了牵制李宗仁的价值，自身难保是必定的。

当然，白崇禧明白这种利害关系，他很愤怒地对身旁的工作人员说："德邻投'匪'，我今后在台湾，没有脸见人了呀！"

李宗仁回大陆后与蒋介石再次唱对台戏，蒋介石是不能容忍的，但也鞭长莫及，只能迁怒于白崇禧，给毛人凤下命令对白崇禧采取制裁。

毛人凤接到命令后将任务交给谷正文去落实。

谷正文明白执行这种特殊任务的重要性，不能公开行动，要采取暗杀，不能留下痕迹。最高原则是：绝不留下半点痕迹，以免外界怀疑是一起政治谋杀。

后来，谷正文收买了白崇禧身边的一个副官，让其里应外合。过了几天，这位副官告诉谷正文："先生去花莲县寿丰半山打猎。"

机会终于出现了，谷正文立即行动起来，准备在白崇禧外出打猎时下手。

如何下手成了难题，因为白崇禧这样的人物，虽说无职无权，但他毕竟也算是重要人物，出门总是轰轰烈烈的，随员很多，下手并不容易，怎么办？谷正文密令暗杀组："暗杀不准用枪，要把一切制造意外死亡的条件搜集起来。"

经过勘查，暗杀组发现狩猎区有小型山间铁轨，可使用轨道车登山。白崇禧当时已年逾70，不会徒步上山，一定会乘轨道车。

暗杀组派人到现场实地勘查后决定白崇禧上山后，把握时间破坏途中一座小桥，等他下山行经桥面时，便会连同轨道车一起坠入50多米深的峡谷。

白崇禧死到临头，仍蒙在鼓里，出行打猎那天早晨，他的情绪很高涨，精神状况很好，10时37分，白崇禧一行通过预定的谋杀地点后，暗杀人员迅速爬到桥下，将支撑桥面木墩的螺丝钉全部松开，然后，躲在不远处的树丛里静观事态。

下午3点多钟，白崇禧等人终于下山了。

寂静的山谷传来轨道车的响声，两辆车从高山背面滑出，相距约30米。前面一辆车上坐着本地乡长父子，白崇禧与两名副官坐在后面一辆车上。

当第一辆车滑到已经去掉了螺丝钉的桥中央时，突然连人带车坠入深谷。千钧一发之际，白崇禧的一名副官用力将白崇禧推出车外，自己则随车跌入深谷。

中年蒋介石

白崇禧没有死，他从地上爬起来，望着坠入谷底下的轨道车和几具血肉模糊的尸体，深感茫然。在下山的路上他望着寂静的山野，好像明白了什么。

暗杀行动失败了，谷正文和毛人凤如实向蒋介石汇报了行动结果，蒋介石很轻松地说："这也许是天意吧！还是从长计议吧！"

白崇禧是见过大风大浪的人，经历这次险情后，他明白自己的处境险恶，从此，也不敢公开外出，有时外出也很谨慎，这使蒋介石失去了暗杀他的机会。

女人是福也是祸。白崇禧晚年心情很不好，行动没有自由，夫人成了他的精神支柱。后来，夫人去世了，他感到更烦闷，就和身边的护士张小姐谈起恋爱了。

毛人凤在杀人方面是最有经验的，他认为机会来了，可以利用白崇禧好色的特点。于是，他决定买通医生下重药，使白崇禧春心激荡，过度纵欲，死于张小姐怀抱。

像白崇禧这样的高龄，靠这一招来结束他的生命是很容易的。

有一天，谷正文打电话给赖医生，询问白崇禧的健康状况，赖医生报告说："白将军没有什么病，他就是想进补……"

谷正文听了很高兴，他说："这很好，你要满足他的这一愿望，无论他要买什么，你要发挥自己的专长，蒋总统要你多'照顾'将军，须以猛药起沉疴，重病得下猛药。"

赖医生被谷正文收买了，他知道自己应该如何去做，于是，便在药的剂量上做文章，使衰老的白崇禧在药力的作用下，性欲更强，终于一"补"而不起。

1966年12月1日晚上，白崇禧将张小姐叫到公馆。药力大发，但白崇禧并没有意识到危险性，而是一见到丰满性感的张小姐就性欲大发，在她身上折腾了一晚上。悲剧终于发生了，多年的纵欲，使他油尽灯枯。

第二天早晨，白崇禧没有按时起床。副官走进卧室，张小姐不见了，只见白崇禧赤身裸体在床上趴着，他已经断气了。就这样，蒋介石不费吹灰之力，就用女人除掉了这个曾经名扬天下的战将。

### 蒋介石与张治中的恩怨

张治中有"和平将军"之称，如果他与蒋介石没有很特殊的关系，也许就不可能成为蒋介石的代表多次与共产党进行谈判。

张治中毕业于保定陆军军官学校，一开始并不得志。1917年7月，孙中山率海军南下护法，张治中来到广州。后来，因为保定同学的关系，他在滇军、桂军、川军中先后充任连长、营长、师参谋长等职，但仍没有多大作为。

1924年，孙中山先生在广州改组中国国民党，召开全国第一次代表大会，张治中和蒋介石都脱颖而出，成为孙中山的得力干将。

当时张治中任桂军军官学校校长，蒋介石任黄埔军校校长，蒋介石知道张治中是难得的军事人才，便有了调他到身边工作的想法。黄埔第三期学生入伍后，蒋介石便把张治中调来了，任命他任代理总队长。1925年2月，第一次东征讨伐陈炯明，蒋介石任东征军总指挥，张治中任东征军总部参谋。东征军取得胜利后国民党党军第二师成立，蒋介石任师长，张治中任参谋长兼广州卫戍司令部参谋长。后来，国民党黄埔军校特别党部改组，张治中被推选为执行委员。黄埔军校在一、二、三期的基础上成立军官团，张治中任团长。

从此，蒋介石与张治中的关系更加密切。张治中身兼数职，这说明蒋介石是很器重他的。因为工作关系，周恩来是军校政治部主任，张治中便与共产党的关系也建立起来。

对于国共两党合作时出现的许多矛盾张治中有自己的看法，他认为现在两党的斗争是不应该出现的，他向蒋介石推荐请周恩来担任总司令部政治部主任一职。

蒋介石已有人选，决定任命周恩来担任总部财经委员会主任，他让张治中去征询周恩来的意见。

当张治中去征询周恩来的意见时，周恩来态度很坚决，不想再帮蒋介石做事。可以说，蒋介石的北伐的统帅部没有周恩来参加的确是一大损失。

北伐大军节节推进，不久叶挺的独立团攻克衡阳。蒋介石到达衡阳亲自指挥。有天晚上，蒋介石乘船去长沙，张治中送行时说："从现在的军事形势看，我们到武汉会师是不成问题的，但到武汉会师后，关于两党合作问题务必请您特加注意。大敌当前，革命刚开始，我们一定要设法保持两党的合作，不能使它破裂才好。"

蒋介石并不把共产党放在眼里，到武汉后，国共两党的矛盾更加尖锐。许多国民党要员也对他的做法有怨言。

1932年1月28日，日军在上海夜袭我19路军将士，爆发了淞沪抗战。日军不断向上海增兵，19路军孤军作战，处境很不好。

同年2月，蒋介石来到浦口，张治中对他说："现在看来，形势对我们不利。"

蒋介石问："你有何看法？"

张治中说："19路军孤军抗日，难以持久，外间传说政府有意坐视，甚至说借敌人之手消灭杂牌部队。我认为，应该迅速增援，事不宜迟！"

蒋介石思考了一会儿，说："你的说法是对的，但谁去担当此责呢？"

张治中说："如无别的人可选，我愿担此重任。"

蒋介石表态，他马上下令把散处在京沪、京杭一带的精锐87、88师，加上中央军官学校的教导总队、独立炮兵团等编成第5军，由张治中任军长去增援第19路军。

张治中率部配合19路军，经历了庙行战斗、浏河战斗、葛隆镇战斗三次苦战，歼敌无数，蒋介石本无抗战决心，便和日寇谈和签订了休战协定。

日军在卢沟桥点起战火后，上海的形势发生了很大变化。

张治中判断日寇即将动手，于8月11日下达命令，各军、师立即向上海预定防区进驻，在12日晨全部进入上海，行动迅速，如神兵天降，上海市民惊喜交集。张治中的部署是在13日拂晓前全面出击。按照当时的军事态势、力量对比，的确能按原定计划一鼓作气将日军全部赶进黄浦江。

蒋介石却误信外国使团的调停，三次下令不许进攻，贻误了战机。

后来，张治中又被蒋介石任命为湖南省主席。张治中上任后遇到的不幸之事就是长沙大火。

自从武汉三镇失守之后，长沙的情况更危急。

武汉失守前，蒋介石命令陈诚实行焦土抗战，而陈诚执行不力，蒋介石很生气，随即飞到长沙召开军事会议，再三强调要实行焦土政策。

日军正在向长沙推进，过了几天，张治中接到蒋介石侍从室副主任林蔚打来的长途电话："奉委座谕，我们对长沙要执行焦土政策!"

随即又接到蒋介石发来的急电——长沙张主席:长沙如失陷,务将全城焚毁,望事前妥密准备,勿误!中正文侍参。

蒋介石的命令怎敢违抗!张治中立即召集长沙警备司令郑悌、省保安处长徐权,让他们两人拟订焚城计划。

郑、徐二人将焚城计划呈给张治中审定,张治中对他们说:"这个计划是可行的,但要注意两点,一是必须在我军由汨罗江撤退后,等待命令实施;二是举火前必须放空袭警报、紧急警报,待群众离家后方可执行。"

这天晚上的后半夜,城内突然起火,火势越烧越旺。原来是警备司令部、警察局和警备二团误传日军已过新墙河,既未请示批准,也没有放警报,仓促行动,遂酿成大祸。

长沙这座名城一夜之间成为废墟,消息传开,人们议论纷纷,蒋介石立即飞到长沙,把警备司令郑悌、警察局局长文重孚、警备二团团长徐琨交付军法审判,随即枪决,张治中被革职留任,办理善后。郑、文、徐失职,放火前未经批准,是罪有应得。

张治中对事件真相讳莫如深,放火是蒋介石的指示,现在出了问题他能向外说什么呢?为了维护蒋介石的声誉,他只能背黑锅。蒋介石自然不会把他怎么样,只是给他一个革职留任处分。

据知情人说,张治中处理完长沙大火的善后工作后,于1939年2月初飞到重庆向蒋介石汇报工作。从此,他们两人的关系更加密切。

抗战的形势越来越严峻,为加强对全国军事领导,特设军事委员会,蒋介石自任委员长,并组织了一个办事机构,共设三个处:第一处主管军事机要,第二处主管党政,第三处主管人事。张治中到侍从室担任第一处主任。

由此可见,蒋介石对张治中是很信任的,正因为有了这层工作关系,他们两人每天在一起工作,凡是蒋介石准备决定的重大问题都要找张治中商量,然后再去落实。

蒋、张二人的关系不是一般的关系,蒋介石在许多重大决策上都要与张治中交换意见。从当时的情况来看,蒋介石疑心很重,对地方许多官员都不是很放心,没有办法,他只好兼职了。抗战中期,他兼任了行政院长,当时四川地方派系闹纠纷,问题很多,处理起来困难颇多,于是蒋介石又想兼四川省主席。

张治中认为这样做不妥,他对蒋介石说:"我认为你不能兼这个职,其一,做得好,是应该的,做得不好,有损威信;其二,你是行政院长,又是省主席,主席决定的事要不要行政院长同意?自己指挥自己,不成体制;其三,现在从中央物色个省主席是不成问题的。"

蒋介石说:"你的建议是对的,还是派别人去做吧。"

蒋介石热衷于权力,最喜欢兼职,这是为什么?原因很简单,他对别人不放心呀!据说抗战时大后方交通业务庞杂,缺少统一的领导机构，有关部门建议在军委会下设置一个"交通运输统制局"。人事部门请示局长人选时，蒋介石在签呈上批了"自兼"两个大字。

人事部门的人不好说什么，但张治中却敢进言，他对蒋介石说："你现在是全国最高军事统帅，怎能再兼一个事务性的小单位的局长？这是不成体统的。如果您认为这个单位重要，非有重要人物担任不可，还有参谋总长嘛！"

蒋介石说："那好，你就去征询何应钦的意见。"

何应钦不愿兼任这个职务，张治中说："如果你不兼，委员长要自兼，这怎么行呀！"

何应钦只好同意了。抗战时期大后方的运输系统很乱，问题很多，人们都有怨言。张治中心中有数，他认为即使蒋介石兼了这个局长，也没有精力处理这些事，问题仍然存在，只能使蒋介石的威信受到影响。

张治中是拥护蒋介石的，也是处处为国家利益着想的，许多话别人不敢说，他却敢说，也不怕蒋介石听了不高兴。

1942年，蒋介石在黄山召开军事会议。当时国内的形势不好，许多人都是明白的，但就是不讲罢了，张治中却敢讲，他在会上说："当前高级干部思想保守，惮于改革，不求进步，充满畏难苟安的习气，毫无创造进取的精神，一天天腐败下去。党内外到处充斥不满的呼声，如继续每况愈下，前途将不堪设想。目前物价飞涨，政府无法制止，一般人民和公教人员生活艰苦已到极点，主管无法解决，行政院应负主要责任。"

蒋介石听了自然不高兴，他说："大家都是这样，我有什么办法？我只有一个人，累死算了！"

会后，何应钦对张治中说："文白兄呀，就你聪明？何必说这么多呢！"

1942年2月，蒋介石准备出访印度，召集高级干部征求意见。别人都不发言，张治中却提出了反对意见："你是国家元首，如果是罗斯福或丘吉尔邀请你去华盛顿、伦敦访问，这是可以的。现在你去访问印度，接受英国殖民地总督的接待，这很不合适，也没有多大意义。"

蒋介石没有听他的，还是去了印度，事实证明蒋介石的这次出访的确没有什么意义。

其实，从许多事实来看，张治中的确在幕后为蒋介石政权起到了很大作用。在国共两党和谈上，张治中是蒋介石的代表，他站得高，看得远，只可惜，蒋介石对他的许多建议都不采纳。

1941年发生的"皖南事变"在国内外引起很大震动，许多人都指责蒋介石。美国总统代表居里正式向蒋介石声明："在国共纠纷未解决前，无法大量援华。"英国政府也表示要蒋介石停止国内冲突。反对之声很多，来自四面八方。

两党的冲突闹大了，蒋介石自知理亏，只好派张治中去找周恩来谈判。

经过多次商谈，最后周恩来代表中共

提出六项要求：(1) 取消1月17日反动命令；(2) 惩办祸首何应钦、顾祝同、上官云相，恢复新四军番号；(3) 恢复叶挺自由，释放被俘干部战士，抚恤死难将士；(4) 逮捕各亲日派首领，交付国法审判；(5) 停止华中几十万大军的"剿共"战争，平毁西北的反共封锁线；(6) 严整抗日阵营，坚持抗日到底。

张治中将这些要求交给蒋介石后，蒋介石却没有诚意，根本不想谈下去，国共两党的矛盾仍然无法解决。

1942年秋天，中共中央又派从苏联回国的林彪来重庆参加谈判。蒋介石指派张治中负责和谈。张治中、周恩来、林彪先后谈了8个月，最后张治中将达成的意见上报蒋介石。

蒋介石仍对这些意见不满，和谈中止。

1944年5月间，中共中央又派代表到重庆谈判。蒋介石派张治中和王世杰为代表，中共代表提出组织联合政府、召开国事会议等主张，蒋介石仍不同意，和谈再次失败。

1945年8月15日，日本宣布无条件投降，国共两党的和谈成了主要问题。蒋介石旧事重提，再次对毛泽东发出邀请，毛泽东欣然同意。

于是，蒋介石派张治中做代表会同赫尔利坐专机到延安迎接毛泽东。

张治中把毛泽东接到重庆后，自己充当了国民党的和谈代表。《双十协定》签字后，张治中又护送毛泽东飞回延安。

之后，《双十协定》《政协决议》《停战协定》《整军方案》等先后签订。从表面看，国共两党的问题是可以解决的，但1946年6月，蒋介石公然撕毁一切协议，在全国发动大规模内战。

1947年，蒋介石又想起和谈了，他希望张治中去延安。张治中已对和谈没有多大兴趣，不想再去延安了。

1948年6月，全国的战局对国民党更加不利了，蒋介石将张治中从兰州叫到西安商谈解决办法。张治中仍主张和谈，他希望蒋介石放弃战乱。

蒋介石却似乎有难言之隐，他始终没有态度，最后才向张治中说了真心话，他说："从现在局面来看，要和谈，我就得下野，但现在还不是我下野的时候。"

战局越来越不利了，蒋介石只好"引退"，让李宗仁出面和谈。

李宗仁宣布愿以中国共产党所提八项条件为和谈基础，国内和谈空气渐浓了，国民党行政院通过和谈代表为：张治中、邵力子、章士钊、黄绍竑、刘斐等人。

在行政院长何应钦主持下，研究"和谈腹案"要点。张治中深知蒋介石的意见是很重要的，就到溪口去看蒋介石，他想劝蒋介石出国，这样才能使和谈进行下去。

1949年3月3日至10日，张治中在吴忠信等人陪同下来到蒋介石的老家溪口。蒋介石的脾气很大，一见张治中就发火了，他说："你们到这里来的目的我知道了，报上已登出来了。他们逼我下野可以，逼我亡命国外是不行的。我已下野，就是一个公民，公民有居住的自由，何况这里是我的家乡！"

1949年3月29日，张治中第二次来到溪口，他将"和谈腹案"交给蒋介石过目。蒋介石没有提多少意见，他说："你这次担负的是最艰巨的任务，要特别小心！必要时可以让步到湖北、江西、安徽、江苏四省和汉口、南京、上海三市联合管理，但不必由我方先提出。"

最后，蒋介石一再表示："愿意和平，愿意终老家乡。"

1949年4月1日，张治中率领南京政府和谈代表团飞赴北平参加国共和谈。这是他毕生参加和谈的最后一次。和谈的结果并不理想，国民党想划江而治，共产党怎能同意？和谈失败，共产党的军队过江了，张治中就留在北平，从此，他与蒋介石也就没有联系了。

## 徐恩曾失宠之谜

蒋介石在用人方面的标准就是听话，可以说他需要的是人才兼奴才式的人。特务头子徐恩曾是一个人才，他为蒋介石效忠了十多年，但后来还是被蒋介石列入不可重用的名单。

1945年，徐恩曾担任中统领导职务已15年，蒋介石突然下发了"撤去徐恩曾本兼各职永不录用"的手谕。接着，徐恩曾所兼的交通部次长也被免去，国民党中央委员一职也落选了。

为什么徐恩曾会被撤职呢？原因很简单，蒋介石用人注重行为，当时徐恩曾的许多行为都让蒋介石失望，甚至是愤怒。

还是让我们看看徐恩曾的发迹之道吧！

他毕业于上海南洋大学电机科，后赴美入康里奈斯大学深造。他是一个很内秀的人，表面文质彬彬，有学者风度，不爱讲话。后经陈果夫介绍担任国民党中央组织部总务科科长。

徐恩曾对健全规章制度、编制密电码等方面有一套独特的管理办法，他常以美国联邦调查局为范本，向陈果夫、陈立夫提出改进调查科特务活动的建议，从而得到陈果夫的赞赏。

从1929年开始，徐恩曾进入中统，历时15年，成为蒋介石的得力干将。不了解情况的人认为军统特务组织对中共威胁最大，其实中统特务比军统更可怕。据统计，新中国成立以前白区所有被暴露和破获的中共地下党组织，主要是被中统特务组织破坏的。

1931年春天，徐恩曾亲自领导指挥，利用共产党叛徒在武昌破坏了中共湖北省委，中共湖北省委书记等人被杀害。

1931年4月，中共政治局委员、中共中央保卫组织特科负责人顾顺章在汉口被捕后，经特务诱降，随之叛变。中共中央地下党组织遭到了严重的打击，中央委员、上海地下党领导人恽代英同志牺牲了。

由于顾顺章叛变，恽代英被查出杀害，上海一些党中央机关被破坏，一些地下党员被杀。这在蒋介石的心中是一个很大的胜利。

蒋介石亲自召见徐恩曾，发给奖金，并对徐恩曾说："有共无我，有我无共。共产党是心腹大患，必须放手大干。只求确有实效，人力、钱力是不成问题的。"

徐恩曾成了有功之人，他得到蒋介石的支持，使调查科扩充了编制，开办训练班，成立特工总部，在全国各地、各省市、各铁路，设立肃反专员和特务室。

徐恩曾对蒋介石是很忠心的，调查科正式名称是国民党中央执委会调查统计局。

这个组织对共产党的地下组织破坏性很大，抗战前夕，中共中央委员邓中夏等被捕牺牲于雨花台，就是中统特工所为。中共中央负责人之一瞿秋白被捕后被杀害，左翼作家如田汉、丁玲、阳翰笙等人的被捕，中共浙江省委书记刘英被捕、被害，中共贵州省委书记茅戈被捕……所有这些都是中统干的。因此，徐恩曾多次受到蒋介石嘉奖。

徐恩曾得志后，个人行为更加放荡，他最大的爱好是贪恋女色，他已有两个夫人，却又爱上中共叛徒费侠，并一定要和她结婚。此事虽说蒋介石表面上没有说什么，但内心不是很高兴，他认为特务太贪恋女色会误大事。

1941年以前，蒋介石一直认为中统开展工作还可以，但后期在反共活动上却远远落后于军统，主要原因就是徐恩曾不像戴笠那样，始终如一的搞特务工作。

1941年徐恩曾被任命（兼任）交通部次长以后，蒋介石予以召见，对他说："派你担任交通部次长，目的是要你在全国范围内在交通方面布置一个完整的调查网。"

蒋介石的意图很明显，是让徐恩曾借交通部次长的便利条件，强化中统在铁路、公路、轮船、飞机等各个系统的特务统治。但徐恩曾却有些昏了头，他一直想利用中统的势力向上爬。担任交通部次长后，他还到处联络，疏通关系，为争取当经济部长奔走，这就致使中统的业务工作漏洞百出。蒋介石早有觉察，他认为是徐恩曾不听指挥、不务正业才导致中统落后于军统。

徐恩曾能当上中统负责人是陈氏兄弟的功劳，他本应该对陈家兄弟有感恩戴德之心才对，但他为了向上爬，逐渐疏远二陈，投入到国民党中央秘书长吴铁城的怀抱。

徐恩曾欲争夺经济部长职位，这就引起陈氏兄弟不满，陈立夫也想争取经济部长职位。当他们看到徐恩曾的离心倾向后，在蒋介石面前就不再为徐恩曾说话，还推荐他人作为徐的接班人。

1943年开始，徐恩曾到处组织有关经济问题的计划，直接送给蒋介石，想争取当经济部长。蒋介石认为徐恩曾不懂经济，认为如果按他的计划办事，只会"徒生滋乱"，但徐恩曾不听蒋介石的警告，仍在利用中统职权千方百计找经济部问题，想将经济部长整下台。

有一天，中统特务发现经济部某职员有共产党的嫌疑，徐恩曾得知报告后很快活,马上下令重庆区特务到经济部抓人。谁知他派的特务受到经济部职员的抵制,逮捕行动失败了。翁文灏部长十分愤怒,认为不通过他这个部长就直接抓人太不尊重人,就到蒋介石那里告徐恩曾的状。

蒋介石本对徐恩曾想当经济部长的活动是不支持的,也对他不安心本职工作深感不满。蒋介石对徐恩曾批评了一番,警告他不得滥捕人,捕人应由权力机关办理,中统局只是党务机关。

1943年冬,有人将徐恩曾第二个老婆王素卿在成都放高利贷、做投机生意、逼死人命的不法行为密报了蒋介石。蒋介石是注重工作效率的,他对部下不务正业及贪污行为最为不满,他认为徐恩曾的老婆在做投机倒把生意,这与徐有直接关系。

1944年4月,在一次会议上,蒋介石向特务情报机关负责人询问河北、山东的中共敌后抗日根据地及中共抗日武装情况,徐恩曾事先没有准备,张口结舌,根本谈不出来。戴笠却精心准备,说得头头是道。

会后,蒋介石大发脾气,批评徐恩曾不务正业,没有把分内的事做好,精力全用在拉关系和搞女人上了。

徐恩曾这时才感到自己的处境不妙,也得罪了陈氏兄弟,继续往上爬没有多大指望,能保住现有的官职就不错了。该他倒霉,在召开国民党的中央全会期间,突然在国民党中央党部发现一条标语:"总裁独裁中正不中。"

徐恩曾马上报告给蒋介石。蒋介石严令徐恩曾必须彻查予以严办。虽然,徐恩曾动员了庞大的特务网,始终未能破案,也无法向蒋介石交代,这更加引起了蒋介石的愤怒,他严厉斥骂徐恩曾:"在我们的心腹重地,出现这等事,既未能事先加以防止,事后又不能查出究竟,实在是失职。"

1944年秋天,在一次会议上,蒋介石又发火了,他批评徐恩曾:"共产党造谣言,说我与护士同居,破坏我的威信,你为何不对我报告?《新华日报》天天登载反对我、反对党国的言论,你为何不负责任,听任其发行传播?这充分表现了你的腐败无能!"

当时重庆的确流传着蒋介石与某女同居的新闻,徐恩曾认为这没有多大价值,就没有当回事,没有想到却惹怒了蒋介石。

在这件事上徐恩曾也是有冤屈的,中共办的《新华日报》,中统、军统、三青团等单位都破坏过,但效果不好,根本阻止不了发行。但蒋介石却要拿徐恩曾加以痛斥责骂,这说明他的确不喜欢徐恩曾。

1944年,蒋介石的美籍顾问拉铁摩尔访问解放区归来后写了报告,谈到了解放区如何好,组织如何坚固,特务汉奸在此无任何活动空间。蒋介石越看越气愤,就把徐恩曾叫到办公室骂:"这样下去能行吗?你们的工作是如何开展的?尸位素餐,将来死无葬身之地!"

徐恩曾为蒋介石做了许多事,但后来

还是失宠了。

1949年3月,徐恩曾从上海逃往台湾,度过了默默无闻的后半生。

无官一身轻,虽说有美女陪伴,但他的内心仍很寂寞很痛苦。官场失意,只能在情场补偿了。他曾对朋友说:"中国历史上最著名的大特务莫过于武则天时的周兴,他声名赫赫,但最后还是被武则天设计杀了。武则天之所以杀此人,是因为他知道的隐私太多。自古大特务都是不得好死的。我是万幸的,只是被撤职,还没送命,这是好事呀!"

# 第六章 玩弄权术之谜

## 境外追杀汪精卫之谜

抗战初期，汪精卫投靠日本，蒋介石就动了杀他的念头，他在暗杀汪精卫的密令中有以下几点指示：

一、立即对怀疑与汪精卫出逃有关联的人如交通部次长彭学沛、教育部常务次长张道藩等人，由军统审查控制。

二、对怀疑协助汪精卫出逃的云南省政府主席龙云进行监视。

三、立即制订制裁计划，迅速布置，必须抢在汪精卫离开河内至南京筹组伪政府之前将其杀掉。

四、做好准备之后，等候具体行动时间。

戴笠奉密令马上采取行动。前两项好办，分别派军统所属各站、组对彭学沛、张道藩等人予以监视，而制裁汪精卫的计划就不太好办。戴笠深感棘手，尽管他对暗杀是轻车熟路，在布置、策划、行动各方面有丰富的经验。但这次不同，在国外组织暗杀，难度较大，没有多大把握。

虽说汪精卫逃到河内，并发表了呼应日本首相近卫文磨的第三次招降声明的"艳电"，汪精卫一直组织"低调俱乐部"，热衷和平运动，但人们不太相信位居中国第二把交椅的国民党副总裁会甘心当汉奸。

蒋介石也抱有一线希望，在未公开开除汪精卫党籍和职务之前，只说汪精卫去河内治病，并派外交部长王宠惠、陈布雷等亲自到河内劝其回国。

因此，汪精卫尚未宣布投敌，戴笠是不能公开行事的，得谨慎，掌握分寸。

蒋介石下达命令时，曾考虑由郑介民亲自去河内指挥行动。但郑介民胆小怕事，戴笠怕他误事。因此，戴笠主动自荐，希望自己亲自出境，担任这次暗杀汪精卫行动的总指挥。

蒋介石经过考虑，同意了戴笠的请求。

整体计划确定之后，戴笠开始考虑具体布置。他成立了军统赴越暗杀汪精卫行动组。自己担任总指挥，并与郑介民制定了具体方案。和以往暗杀行动不同，在行动组人选上戴笠慎之又慎，挑选了特工技术专家余乐醒，任命军统重要骨干和行动专家陈恭澍为河内刺汪行动组组长。还从军统局特务总队选定了各有专长的老队员张逢义、余鉴声、陈步云、陈邦国。另外，为了确保成功系数，戴笠还将他的贴身警卫王鲁翘和军统局武术训练班教官唐杰英也列入行动组。

从这些行动队员的组成来看，戴笠是下了很大决心的。这些行动队员，戴笠都予以亲自接见，暗示蒋介石下达任务的重要性。

人员选定后，分批分期从各个途径潜往河内。

随后，戴笠又反复考虑行动指挥中心设于何地的问题。预定的指挥中心地点有：昆明、香港、河内。昆明设指挥中心比较安全，但距河内较远，不太方便。河内指挥近，但不安全，一旦出事，会导致全军覆没。

当时越南法国殖民当局对汪精卫等人严加保护，尤其严防刺客杀人行刺。所以指挥中心设在河内不妥，最后选在了香港。

1939年1月，戴笠携带秘书毛万里及工作人员乘飞机赴香港，行动组已先期分批潜入河内。

他对行动组所有人员都布置了任务。余乐醒负责投毒、炸弹行刺工作，陈恭澍负责狙击暗杀。戴笠指出："所有行动人员必须严格执行计划，精心准备，这是一次难得的机会，要好好掌握，要做出成绩，否则我们自己也将死无葬身之地。"

所有布置方案都办妥了，只等蒋介石下达密令。

在刺杀汪精卫时机还未成熟之前，戴笠根据蒋介石的意愿，准备先期对汪精卫在香港的追随者予以打击，以便对汪精卫发出警告，使其悔悟。

汪精卫到河内后，追随汪精卫的国民党委员先后纷纷来到香港，观测风向，互相串联，这些人大部分就是汪精卫"低调俱乐部"的成员，他们是"亡国论"和"速败论"的鼓吹者。

戴笠经过侦察、监视，决定拿汪精卫集团的活跃分子林柏生开刀。但是暗杀并未成功。

暗杀林柏生虽未获成功，但也震慑了在香港的汪精卫集团成员，使他们的气焰有所收敛，也不敢公开活动了。但却使汪精卫提高了警惕，一再更换住址，并有近期离开河内的企图。戴笠迅速上报蒋介石，并报告布置情况，同时附上一封截获的汪精卫致龙云的信，信中暴露了汪精卫的叛国之心。

蒋介石批准了戴笠的行动计划，于3月19日电令行动组："着即对汪精卫予以严厉制裁。"

3月20日上午，监视汪宅人员报告，汪精卫正打点行装，似有全家离开河内迹象。实际是汪精卫等要到距河内市区数十

20世纪20年代，蒋介石与汪精卫合影

公里外的丹道镇三岛山麓旅游，也不排除汪精卫已有试探之意。但陈恭澍等真认为汪精卫要逃往日本，所以当机立断，率领行动员追踪。

在河内市区达莫桥头发现了汪精卫等人乘坐的两辆黑色轿车，当他们靠近后却引起怀疑。两辆车掉头回原路跑了，当陈恭澍掉头追赶时，因过桥车辆太多，被夹在中间了。这时是有机会的，可以下车去枪击正停车等待过桥的汪精卫。

但陈恭澍担心无法逃离会被捕，便决定过桥后再行动。谁知汪精卫车过桥后，陈恭澍的车却赶上红灯。等再过桥时，他的车早已不见踪影。

戴笠很不满意，大家都明白，机会的丢失是行动人员不敢下手。在国内杀人，即便被捕也会相安无事，戴笠有办法将人保释出来。但在河内戴笠根本无能为力，所以队员们也生怕失手被捕。

当天下午,还有一次机会。

当时汪精卫回家后与陈璧君在门前草坪上说了会话。但等陈恭澍率行动员赶来时,他们早已进屋了。这是布置上的失误。殖民当局规定任何人不准携带枪支,为避免麻烦,监视汪精卫的军统人员都不带枪,只负责报告情况。

就这样,一天之内丧失了两次机会。这也表明了军统人员没有境外暗杀经验,也不适应境外环境,加之害怕,所以才会失手。

军统内部的制裁纪律异常严厉,完不成任务尤其是这次重大任务,如果放跑了汪精卫,按军统纪律,很可能"殉法"。所以,陈恭澍见汪精卫已发现异常,决定提前于当日夜间行动,强行行刺。

汪精卫所住的高朗街27号,位于河内哥伦比亚路,是一栋三层楼房,外面有一人多高的围墙。三楼正面有两间房间,一大一小。大间里面有床铺,汪精卫白天多在北房起居会客,行动组经过长时间观察,认为大间为汪精卫卧室。汪精卫为人狡猾,他白天在大间睡觉,其实夜间则去小间睡觉,这就给行动组造成了许多错觉。

当天晚上,陈恭澍等6名行动组成员按预定计划来到汪宅。按原定计划,王鲁翘、唐英杰、余鉴声、陈邦国四人从后门越墙入宅上楼至汪精卫的卧室行刺。陈恭澍二人在外巡哨接应。有翻墙走壁之功的唐英杰翻入墙内后却打不开后门,只好三人搭人梯,爬入墙内。上楼后,门又打不开,只好用斧砸开缺口,用手电看见有人,便以为是汪精卫,连开三枪。这时河内警方警车来到,唐英杰携王鲁翘越墙逃跑,而陈、余二人因无法翻墙,被河内警方捕获。

陈恭澍等人以为汪精卫必死无疑,谁知天亮后得知死者是汪精卫的秘书曾仲鸣。原来上午行动组追踪汪精卫的汽车只是一场虚惊,曾仲鸣前来探询情况,当夜便留宿在大房间。

如果不是曾仲鸣来访,行动组发现大间无人,必然会到小间搜寻,汪精卫仍不免一死。所以说,曾仲鸣成了汪精卫的替死鬼。

发生暗杀事件之后,河内当局立即调派大批警察日夜保护汪精卫的寓所。陈恭澍等已知道再也不可能有机会行刺汪精卫,只好向戴笠发电,并派王鲁翘急赴香港当面向戴笠汇报行动过程。

戴笠了解了全部细节之后,感到再不可能有天赐良机。他只好下令撤回河内行动组,香港指挥中心也撤回国内。

这次暗杀汪精卫的行动是戴笠最费心血的一次,他明白如果让汪精卫活下来出逃,肯定要投敌并组建伪政府,政治损失更大。

汪精卫被刺后,日本立即做出反应,召开会议制订营救汪精卫的计划,并专派轮船在越南当局配合下将汪精卫接到上海。

多年后,戴笠在总结经验教训时说:"民国二十八年(1939年)三月二十一日,在越南河内,我们因制裁汪精卫,被当局捕去的两位同志,至今还关在河内。我们检讨当时的得失,是计划不周密,以致'汪逆'漏网,只打死汪的副手曾仲鸣。汪精卫后来在南京组织伪政府,危害国家民族,这实在是我们的遗憾。当时,应该在达莫桥把他打死。不在桥上打,而在晚上行动,已经失策。但当天晚上,我们的同志还勇气甚足,敢于去打,而在法国人统治下的河内,我们能够造成有声有色、轰轰烈烈的一幕,也总算难能可贵了。"

蒋介石对戴笠没有完成任务是有怨言的。

戴笠仍在继续筹划刺杀汪精卫的计划,他立即派王鲁翘潜往上海,继续跟踪行刺汪精卫。但事泄被捕,坐了6年监狱。

在河内损失两名干将,在上海损失王鲁翘,戴笠更加愤怒了。他从此始终把暗杀汪精卫列为军统暗杀名单上的重要任务,不惜一切代价,包括人力、物力、财力都投进去,使自己能在蒋介石面前找回面子。

1939年5月,戴笠派军统特务戴星炳伪装投靠汪精卫,密谋行刺。但戴星炳地位不高,无法与汪精卫接近,汪精卫在河内遇刺后警惕性很高,没有机会下手。

戴笠增派凶悍无比的老资格特务、军统局书记长吴赓恕率领10名行动队队员到上海,配合戴星炳密谋继续暗杀汪精卫。

戴星炳办事不力,被汪精卫的特工逮捕,后被处决。

戴笠继续电令吴赓恕继续寻找机会刺汪。吴在来上海前,曾向戴笠发誓,不杀汪精卫决不回重庆。他积极活动,找到一位在伪政府任职的老同学预谋用炸弹暗杀汪精卫。不料此人向汪精卫告密,致使吴赓恕被捕惨遭杀害。

吴赓恕之死使戴笠极为伤心,也更加愤怒。他不甘失败,再一次布置新的行动。这次他起用了河内刺汪行动失败而闲置的陈恭澍,接任上海区区长,统筹加强暗杀汪精卫行动的领导力量,并成立了一个公司作为刺杀汪精卫行动的秘密据点,由军统行动人员陈三才担任指挥,计划阻击汪精卫汽车。

但由于内部人员出卖,陈三才被捕,秘密点被搜查,所有材料、枪弹均被查抄。这次行动计划时间长,也极机密,戴笠本来寄予极大的希望,但仍然失败了。

戴笠不达目的不罢休,他总结经验,认为刺汪行动要长期准备,却经常在过程中出问题而导致失败。他决定简化步骤,减少在长期计划、筹备过程中暴露的风险。经过考虑,他决定采用侠客行刺的办法,不用枪械之类,只凭拳脚致汪精卫于死地。

经过物色,他找到一名大力士黄逸光,此人曾徒手打死过老虎,抗战前曾任童子军徒步旅行团团长,在南京受到过汪精卫接见。黄逸光愿意以民族大义为重,舍身除奸。黄逸光到南京后,拿着当年与汪精卫合影的照片求见。但汪精卫很狡猾,在接见之前,先派特务搜查黄逸光的住房,搜出小型电台、密码本等物,于是,黄逸光被枪决。汪精卫在批示枪决黄逸光后,也批示枪决了上次被捕的军统队员陈三才。

从1939年到1940年,戴笠在河内失败后,连续五次组织刺汪行动,投入了许多精力和财力,但都没有成功。

虽说刺汪失败了,但戴笠并没有停止对其他汉奸的追杀。抗战期间,戴笠指挥军统人员,先后暗杀了多名汉奸。但在暗杀汉奸的同时,戴笠也奉蒋介石之命,暗杀了许多中共地下党员。

## 选举总统真相

抗战胜利后,蒋介石想当总统,便立即召开第一届国民代表大会制定宪法。在抗战前立法院曾起草过一个宪法草案,叫作"五五宪法草案"。

这个宪法草案对总统的职权有所限制,蒋介石对这个草案不满意。他指定王宠惠、吴铁城和王世杰等人负责起草一个新的宪法草案,先在国民党内部进行讨论。开会地点在中央党部,到会的约七八十人,王世杰为主席。讨论草案时大家吵得很凶,争执得最厉害的是以下几个问题:

一、要不要在宪法草案第一条规定"遵奉三民主义"的问题;

二、领土范围应该怎样规定的问题;

三、国民代表大会闭会以后要不要设置常务委员会的问题;

四、总统在国民代表大会闭会期间,应不应有紧急处分权的问题;

五、总统应不应有否决法律权的问题;

六、总统的连任次数要不要加以限制的问题;

七、各省应该是行政区划还是自治区域的问题;

八、要不要设置大法官的问题。

这些意见很难统一,因为提建议的人各有各的企图。那些希望蒋介石当总统的人,极力主张总统应该有紧急处分权和法律否决权,也不要限制总统连任次数。那些不愿让蒋介石做总统的人,则与前一种人的意见完全相反。彼此争吵不休,从下午吵到晚上,仍不能统一思想,王世杰同蒋介石通了一次电话,最后宣布说:"这个草案是蒋先生同意了的。各位的意见都很好。夜深了,散会吧。"

过了几天,中央党部又召开会议,讨论第二届国民代表大会的组织原则,参加的人不到20人,王宠惠为主席。

王宠惠提出了第二届国民代表大会代表的名额问题,他认为至多不能超过1200人,其中区域代表占70%,团体代表占30%。

社会部长谷正纲反对说:"无论是多少代表,团体的代表至少要600人才够分配。"

王宠惠说:"你不能占全部名额的二分之一。"

谷正纲说:"我是主张在1200人之外再加600人。"

当选总统

王宠惠说："没有这样大的会场。"

谷正纲说："应该建一个大会场。"

王宠惠说："这名额是蒋先生决定了的。"

谷正纲说："你应该去报告蒋先生，不能随便驳回我的意见。"

他们二人的意见分歧很大，会议无法开下去了。

那么在会上选何人为总统呢？意见也是不一致的，还闹出了许多笑话。

蒋介石之所以要开这个会议，就是想做总统，他没有想到美国驻华大使司徒雷登却向他传达了白宫意见，让他把总统位置给胡适。

蒋介石与美国人有矛盾，这是许多高官都清楚的事。司徒雷登的前任是赫尔利，在他辞职回国的时候，蒋介石特意为他开了一个欢送会。

没有想到这个赫尔利却不领情，在欢送会上大骂国民党政府腐败无能，惹得蒋介石很生气。但没有人敢说什么，因为他们都得看美国人的脸色行事，蒋介石也得忍让。

美国人又来插手了，这时蒋介石是不会让步的。就在国民代表大会开会的前几天，国民党中央党部召开了一次全体会议，讨论总统候选人的提名，由蒋介石亲自主持。

蒋介石先谈了总统人选的重要性,他认为第二届国民代表大会的主要议程是选举总统,应由国民党提出总统候选人。

最后,他说出了自己的看法,他认为总统候选人必须具备这样四个条件:一是文人;二是学者、专家;三是国际知名人士;四是不一定是国民党党员。

大家心中有数了,按蒋介石所说的这四个条件,只有胡适最合适。

下午再次开会,蒋介石没有出席,由何应钦主持,大家开始发言。

有人提胡适做总统候选人,也有人不同意,认为胡适不适合做总统,提出吴稚晖、于右任、居正为总统候选人。

这些人在发言前都把蒋介石恭维了一番,说他劳苦功高,为了爱护领袖,应该让他暂时休息一下。也有人提出蒋介石可以不做总统,但他不能不做军事委员会委员长或者是行政院长。

发言的人越来越多,关于候选人的问题仍没有落实。

第二天上午的会议由蒋介石亲自主持,会场气氛紧张。

蒋介石怒气冲冲地来了,他先把提胡适做总统候选人的人骂了一顿,接着说他自己如何追随总理参加革命,如何誓师北伐定都南京,如何削平内乱,如何打败日本。

最后他瞅着大家说:"我是国民党党员,以身许国,不计生死。我要完成总理遗志,对国民革命负责到底。我不做总统,谁做总统!"

他说完之后,向全场扫视一周,有人带头鼓掌,但响应者不是很多,随即宣告闭会。

蒋介石本来就有志于做总统,为什么要在前一天会上提出总统候选人的四个条件呢?事后,人们才明白过来了,原来蒋介石是在做"民意测验"。

## 与戴笠的关系之谜

蒋介石与军统头子戴笠的关系非同一般,但后来蒋介石对他还是有了看法,在军统局成立10周年纪念大会上,蒋介石深感戴笠的势力越大越大,不能不提防。

扩充军统实力本来是蒋介石的旨意,但蒋介石感觉到戴笠的军统组织发展得太快。军统超过了中统,军统的力量已由原来的纯粹特工组织渗透进各个要害部门。

从当时的情况来看,军统在国际上也很有影响,由戴笠掌握的武装人员有几十万人,全是美式装备。他的军统组织严密,调动灵活迅速,火力装备之强,已超过蒋介石手下的任何一支正规军。

怎么办?蒋介石是一个猜忌心很重的人,他最重视特工和军事,也最怕这些部门的人权大震主。对特务工作,蒋介石控制最严,其次是军事和财政,对于特工,他从来不交给别人过问,一向由自己亲自掌握。蒋介石的办法是对特工头目可以给权,但决不给高位,这可以防止他们在政治上造成威胁自己的局面。

戴笠有意见没有?当然有,他做了十

多年军统领导，论职不过副局长，论军衔不过才是少将，而且直到1945年3月8日才由国民政府正式公布了任命。

这就是蒋介石的策略，他想控制戴笠，不能让他坐大。

戴笠是一个聪明人，他明白蒋介石的用意，他只能忠实于蒋介石。

戴笠究竟有没有野心？当然有，只是不敢外露罢了。在这一点上，蒋介石心中有数。当他发现戴笠有功高权重震主的威胁时，就逐渐采取措施加以抑制。

戴笠感到蒋介石对他有猜疑之心，开始有所防范了，他拉拢蒋介石身边的人为自己说好话，继续巩固军统局实权，并极力栽培毛人凤。

抗战胜利后，蒋介石感到再发展特工影响不好，便指示戴笠撤销军统局，化整为零，以减少中共及民主党派的攻击。

蒋介石的手段是很高明的，戴笠没有办法，苦心经营了几十年的军统就要完了，但蒋介石的命令是不能抗拒的。

化整为零，这是蒋介石的批示，戴笠就在国防部二厅、全国警察总署、交通警察总局等公开部门合法安置军统特务。为了完成这项工作，他成了大忙人，在南京、上海、北平、天津、青岛等地来回奔走。他多次对部下说："只有寄希望于反共，军统才有出路。"

如何化整为零，戴笠有自己的想法。他认为可以先将军令部二厅、内政部警政司掌握起来，将军统控制的军事情报、稽查和国民党军队各级谍报参谋人员划归进二厅，将特工警察划归进警政司。另外成立交警总局，将军统掌握的忠义救国军、军统特务团、军委别动军、交警总队、交通警备司令部所属各团及税警部队，加上接受投降的汪伪税警团和汉奸部队共7个多师，编成18个交警总队和4个教导总队，全部美式装备。

这些武装部队就是戴笠的生命，是他的本钱。

1946年3月，他正式成立了交警总局。

这点武装力量是无法与蒋介石对抗的，军统局一旦撤销，自己去哪里？蒋介石没有明确，因此，他认为应该自己活动，去争海军司令的职位。为了这个职位，戴笠以视察为名飞赴青岛与美海军第七舰队司令柯克上将沟通，希望能得到他的支持。接着，他又来到天津，策划美海军陆战队在渤海湾登陆的事宜。

蒋介石得知戴笠开始行动后也有点犹豫了，如何用他，如何处理美国在华部队，成了一道难题。蒋介石是没有和谈诚意的，为了打内战，他请求美国部队登陆替国民党军队抢占战略要道与铁路交通线，1946年，美军在天津登陆的就有近5万人。

戴笠与美国人关系密切，这一点蒋介石很清楚，因此，他只能在戴笠的任用上先不表态。

1946年1月10日至31日，国民党在重庆召开政治协商会议，各党派再次提出取消特务机关的口号。戴笠明白，他的政敌陈果夫、陈立夫、陈诚等人都想挤垮军统，置他于死地。

第六章 玩弄权术之谜

当时许多人对戴笠的特务统治是有意见的。据说在这二百多名国民党中央执行和监察委员中，几乎没有一个人不厌恶、恐惧、仇恨戴笠和他的军统局，包括孔祥熙、陈诚等军政高级要员。

于是，蒋介石秘密成立了一个5人小组，对戴笠进行监视，并研究抑制他扩大势力的策略。

这5人小组由蒋介石亲自领导，组员有钱大钧、胡宗南、唐纵、宣铁吾。

宣铁吾是戴笠的政敌，时任上海市警察局局长。唐纵早就负有监视戴笠的使命。钱大钧是蒋介石的亲信，胡宗南与戴笠关系亲密，蒋介石为了分化戴、胡关系，才让胡宗南参加。

5人小组的成立是蒋介石削弱戴笠势力的一大举措。

后来，蒋介石又决定在原来监视戴笠的5人小组之外，成立了一个8人小组，成员全为特工、警界等机构的实力派人物。蒋介石交给他们的任务就是彻底拿出对付戴笠和他所控制的军统的方案。8人小组虽然表面上有戴笠之名，但小组的另外7个人却排斥了戴笠，另外搞了一个整治军统的方案。

1946年2月，蒋介石提升唐纵为内政部政务次长，为他接任警察总署署长作准备。蒋介石想把由军统控制的警察权分而治之的目的暴露了，戴笠深感自己的处境很不好，但没有办法，只得顺其自然。

1946年3月初，蒋介石再次给戴笠发电，命令他回重庆参加会议。

毛人凤等人已得知有人想搞垮军统，因此，他发给戴笠的电谕纸背面注上"重庆宣（铁吾）、李（士珍）、黄（珍吾）在捣鬼，谨防端锅，请亲自呈复"的警告。

戴笠见到蒋的电谕和毛人凤的警告后，十分气愤，但没有办法了，他准备采取"以退为进"的方式，打算出国避风险。就在这时，一场事故使戴笠突然死亡，这就使蒋介石与戴笠之间的矛盾自然化解。

戴笠之死是一个偶然事件，这与蒋介石无关。

当时他在北平处理有关肃奸之事，在提审日本间谍、汉奸金璧辉时，他得知军统布置处负责人马汉三曾叛变投日，还从金璧辉处搜出了一把乾隆龙泉宝剑。当时这把剑是孙殿英交给戴笠转给蒋介石的，戴笠交马汉三保管，马汉三叛变时剑又为日本特务田中所得，田中将此剑交金璧辉保管。

戴笠在北平发现马汉三匿剑投敌，又发现此人还有贪污行为，他非常气愤，但当时戴笠要应付蒋介石的"端锅"方案，又要赴青岛再次与柯克会晤，还要赶往上海与胡蝶办理结婚事宜，还要回重庆汇报除奸情况，因此，在北平就没有时间处理马汉三。

戴笠索回宝剑，许诺要重用马汉三。但马汉三不相信戴笠，他知道戴笠迟早会收拾他。于是，他与亲信刘玉珠密商认为，只有干掉戴笠才会保住自己的性命。

当他知道戴笠将去青岛、上海等地后就派刘玉珠去青岛，实施暗杀戴笠计划——在戴笠的飞机上安放定时炸弹。

1946年3月17日，戴笠从北平赴天津，又于当日到达青岛，决定11时起飞赴上海与柯克会面。

这时，暗杀他的刘玉珠已到达青岛，他以军统局华北督导员身份登机检查安全，放置一颗定时炸弹。

上午11时45分，戴笠登机起飞。

下午1时许飞机到达南京上空，炸弹爆炸，飞机坠落在南京江宁板桥镇戴山，戴笠等人全部遇难。

虽说蒋介石怕戴笠坐大，在设法制裁他，但戴笠毕竟是特工奇才，多年来，为蒋介石做了许多事，是有功之人。

因此，戴笠之死，他们之间的矛盾就一了百了。但蒋介石得做出样子让大家看，在他的指示下，国民政府举行了隆重的悼念活动，追任戴笠为陆军中将。

## 明升暗降治龙云的真相

云南地方将领龙云与蒋介石的关系不是很亲密，蒋介石对他打拉并举，时刻都想解除他的实权，这才是他们的合作关系。

蒋介石上台后，虽说龙云是国民党的将领，但他多年来把云南搞成了一个独立王国，一切政治、经济、军事、人事等都由他自己说了算。蒋介石岂能容忍？孤立龙云，夺取云南地盘，这是蒋介石玩弄权术的手段。

1938年，蒋介石将龙云经过多年训练并配有法国武器装备的云南精锐部队抽调出境，任命卢汉为第1集团军总司令，率两个军到湖南第8战区参加抗战。

1939年冬天，日军进入桂南后接着进入越南境内，中国经过越南的国际交通线被截断。为确保云南大后方及缅甸这条国际交通线，蒋介石又抽调第1集团军总司令卢汉率第69军及第9集团军总司令关冯征率领第52军，从湖南经广西百色进入滇南，并让卢汉在云南新成立一个93军。

这是中央军首次进入云南，为什么要这样做？这表面上看是为了抗战，但实际上正是蒋介石准备解除龙云权力的一步棋。

抗战时期，滇缅国际交通线的地位十分重要。蒋介石多次与龙云商讨，在云南成立军事委员会驻滇参谋团，准备日寇一旦侵略马来西亚时，中国军队即与英缅、英马军队协同在缅、马边境并肩作战。

1941年12月8日珍珠港事件发生后，日军袭击香港。蒋介石判断日军势将攻击新加坡，于是根据中英军事同盟协定就调集了3个军准备入缅作战。

因为中英之间存在许多分歧，中国远征军迟迟不能入缅。先后集中在云南境内的军队有十多个军及龙云的两个师，再加上美空军陆军等部队，云南大军云集，交通、运输、补给等出现了许多困难。

中央军与地方军的关系出现了许多矛盾，美军因在云南各地建筑机场、营房、宿舍，关于占用土地、征购建筑材料等问题与云南的地方官员发生了矛盾。

1942年3月，蒋介石巡视昆明时与龙云合影

龙云控制的云南，行政效率很低，每件事都得讨价还价，如果钱少，无法满足龙云及其官员的欲望，什么事都办不成。中央政令在这里无法推行，美军很有怨言，他们提出：中国如不能解决云南的政治问题，美国就无法援助中国抗日得到胜利。

蒋介石开始整治龙云了。蒋介石的为人，许多人是清楚的，如果真需要你效力，会对你相当客气，好话说尽。

早在1938年，汪精卫离开昆明飞往河内时，龙云亲自去送行。蒋介石得知此事，很气愤，但表面上对龙云仍是信任的，并让龙云任云南行营主任。其实，蒋介石正在暗中密布特务，随时准备入滇干掉龙云。

1945年春天，滇缅公路完全打通后，蒋介石打出"统一抗战、安定后方"的牌子，决心剥夺龙云的军政权力，没有想到龙云是不上当的，他不接受蒋介石的命令。

云南是龙云的地盘，要对付他并不是

很容易，于是，蒋介石就决定采取行政命令、暗施武力的办法解决这个问题。

有一天，杜聿明突然接到昆明机场的秘密电话，让他秘密地飞往重庆。原来蒋介石要把解决龙云的重任交给杜聿明。

过了几天，蒋介石又派何应钦到昆明协助杜聿明解决龙云的事。

杜聿明说："我与龙云没有什么矛盾，关系也不错，用武力解决他不好，得有由头呀。"

何应钦问："不动武当然好，但有这种可能吗？你有何良策？"

杜聿明说："我们应该设法动员他自动辞职，这样就可以免得动武。"

于是，何应钦动用了各种关系，劝龙云自动辞职，但龙云却不买他们的账。

据说为此龙云曾召集他的智囊团开会，许多人认为，他不要辞职，也不要到重庆去。

何应钦的努力白费了，和平解决云南问题的活动成了僵局。

1945年8月的一天，蒋介石又将杜聿明叫到重庆，这时已传出了日本无条件投降的消息。蒋介石对杜聿明说："你先回去做解决龙云的准备工作，等日寇投降的事情处理后再待命实行，除军事上积极准备外，还要对云南的通讯、交通及各机场做周密的计划和布置，以防龙云逃跑。"

8月15日，日本正式宣布无条件投降。

这时，蒋介石表面上对龙云特别推崇，但内心是想把龙云干掉的。

卢汉率领三个军进入越南接受日寇受降，这些兵力已绰绰有余，但蒋介石却以接收兵力不足恐怕出意外为借口，让龙云再扩充一个军进入越南。

龙云就将留在昆明的他的大儿子的一个师扩编为一个军开进了越南。

从此，龙云身边只有一个宪兵团和一个警卫大队，而蒋介石这时在昆明有一个军。

龙云仍蒙在鼓里，蒋介石动手了。

蒋介石密电杜聿明："日内就要颁布免除龙云在云南军事政治本兼各职的命令，调他任军事委员会军事参议院院长，你最好一枪不发，并绝对保证龙云的生命安全，昆明飞机场归你指挥，应将飞机、大炮、坦克一齐准备好，如果龙云不接受命令，就立刻集中火力轰击五华山。"

蒋介石在解决龙云问题上是很小心的，又派王叔铭乘专机将解决龙云的命令送到昆明，同来的还有新任云南省民政厅厅长、代理云南省主席李宗黄。

9月29日晚上，杜聿明召集团以上干部及新任云南省政府民政厅厅长、代理云南省主席李宗黄等人开会。他先传达了蒋介石的三条命令，接着进行了兵力布置。

30日早晨5时，各部队都到达准备位置，并给龙云所属部队送去蒋介石命令，同时将蒋介石给龙云的命令送给龙云本人。

东北校场的龙云部队及北门宪兵大队都表示愿服从命令缴枪，只有东门宪兵大队不接受命令，不准任何人接近城楼。

有个居民说他同宪兵大队的人熟，就自告奋勇去送信。他得到宪兵大队的同意将信送上去后，队长一看命令是蒋介石要他们缴枪，就立即开枪将这个送信的居民打死。

于是，枪声四起，双方开火了。

这时，北门和北校场龙云的部队听到枪声后也开始抵抗。

他们这点兵力怎能是中央军的对手呢？一个小时之后，龙云的守城部队就被解决。

30日拂晓，龙云听到东门附近枪声后就逃上了五华山，对外发出"戡乱"电报，大意说：杜聿明叛变，围攻昆明城，令各区专员、县长率领所有保安团队星夜向昆明集中，内外夹攻叛军，以解昆明之困。

龙云坐镇五华山，拒不接受蒋介石的命令。

这时，昆明已被杜聿明的部队控制，但他们对龙云本人采取了围而不打的策略。杜聿明多次派人上山，劝龙云赴渝就职，但均遭拒绝。

第二天，龙云的亲信李西平、李子厚等人来到岗头村与杜聿明谈判。

这些亲信上山对龙云劝驾，龙云仍在摆架子。

蒋介石派的专机正在昆明机场等候，龙云仍不愿下山。这时，蒋介石又派何应钦前来昆明劝驾，没有想到龙云却不接他的电话，并拒绝他上五华山。后来，中国银行昆明分行行长王振芳与龙云通话，龙云表示欢迎他上五华山会谈。

王振芳从山上下来说："我们还是回去吧，龙云表示必须行政院院长宋子文亲来昆明，并保证他的安全，他才可以去重庆。"

何应钦很生气，他说："龙云就是这样一个不明大义的浑蛋，幸亏你们用武力解除了他的武装，不然真要造反，蒋先生还是有先见之明。"

10月3日，蒋介石派宋子文上五华山与龙云谈话，龙云表示愿意离开昆明到重庆就职。

蒋介石的用人策略往往有其政治目的。龙云到重庆后，表面上看是升了，但实际上是夺了实权，明眼人一看就明白，只是不说罢了，他怎么能服气呢？但慑于蒋介石的威势他也不敢直接讲出来。

他到重庆后，也得找个台阶下，他对蒋介石说："我是服从中央命令的，但杜聿明没有直接将你的命令给我，而是先动用了武力。这简直是一种蔑视国法、背叛长官的行为，请求委员长惩办他。否则，即使我原谅他，云南老百姓也是不能原谅他的，他在云南这样驻下去，一定会造成动乱局面。"

这时蒋介石装好人了，他说："请龙院长息怒，此事我会派人查处的。"

龙云说："应该将杜聿明调开。"

接着，蒋介石将杜聿明叫到重庆说："你解决龙云对国家是立了功的，但却得罪了龙云，你应该为国家背过。我表面上先公布将你撤职查办，实际上是调升你到东北去当保安司令长官，希望你能服从大局呀！"

杜聿明说："只要于国家有利，我个人

不计较名利地位。"

蒋介石很高兴,说:"你这样识大体、明大义,很好,就照我的命令办吧。不过因为龙云的关系,处分你的命令要先发表,你明天就到昆明办理交接,完了就来重庆,我再发表你到东北去当保安司令长官的命令。"

蒋介石的命令在《中央日报》发表了:杜聿明在云南处理失当,着即撤职查办。

为了平息龙云的怨气,蒋介石让杜聿明受过,明降暗升,明撤职查办,接着再重用,这是他惯用的政治手段。

## 与李宗仁较量的秘闻

1947年,蒋介石军队节节败退,人民解放军已打进国统区。

美国特派魏德迈于7月来华对南京政府进行调查。一个月后,魏德迈离华前夕,在黄埔路官邸蒋介石举行的欢送晚会上,他向国民党高级官员宣读了访华声明,全文措辞激烈,对蒋介石及其南京政府充满蔑视,并说:"中国的复兴有待于富有感召力的领袖。"

这就表明了美国人的立场,蒋介石这时才知道大事不妙。

1947年9月8日,司徒雷登对参议院说:"许多迹象表明,象征国民党统治的蒋介石,其资望已日趋降低,甚至被视为过去的人物……李宗仁的资望日高,说他对国民政府没有好感的谣传,是不能相信的。"

从这段文字可以看出,司徒雷登已向"华府"举荐李宗仁了。这说明李宗仁决定竞选副总统是出自杜鲁门政府有计划的安排。

但是,桂系的主要人物白崇禧等人并不知道李宗仁竞选的政治背景,他们认为成功的希望很少,都劝他放弃竞选,但李宗仁决心已下,不想退出。

李宗仁竞选副总统的举动加剧了他与蒋介石的矛盾。李宗仁事前向蒋介石请示过,说明自己准备竞选副总统,蒋介石一直没有明确表态,李宗仁以为蒋介石是同意的。

1948年3月16日,蒋介石召见孙科。孙科次日公开表态,他也要竞选副总统。这很清楚,孙科背后有蒋介石撑腰。这样一来,李宗仁的处境就不好了。

孙科是孙中山的儿子,现任国民政府副主席,容易取得人们支持。蒋介石与李宗仁都是军人,只有孙科与蒋介石搭档较为合适,再说了孙科是广东人,广东人当然会支持他。

有天晚上,蒋介石突然对李宗仁说:"总统、副总统的候选人,均由中央提名。副总统候选人,已内定由孙科出任,希望你顾全大局,退出竞选。"

李宗仁说:"半年前,我已经请示你了,如果你不赞成,我当然唯命是听,你一直没有什么表示,所以我就积极准备一切。事到如今,我已经欲罢不能。"

李宗仁于3月22日由北平飞抵上海发表竞选言论。他反复陈述这样的意见:如果当选副总统,当尽力所能及,在政治上实行民主政策。几天后,他到了南京,当时国民党中竞选副总统的除李宗仁、孙科外,还有于右任、程潜两人。

最后,通过激烈竞争,李宗仁终于当选副总统。

李宗仁当选副总统后,蒋介石异常愤慨,就将他的得力助手,桂系主要将领白崇禧的国防部长免去,由何应钦继任。

从此,蒋介石与李宗仁的矛盾更加激烈。人们可以猜想一下,这对搭档怎么能把一个国家领导好呢?

1948年美国举行大选,杜鲁门连任总统,蒋介石失望了,他知道这个人不会再支持他。但还是得去求人家,就派夫人亲自出马去拉关系。

宋美龄同美国国务卿通长途电话,表示要访美。

马歇尔要她以私人资格前来,并允许美国海军专机供她乘坐。

1948年11月宋美龄来到美国,她和马歇尔多次会晤,并拜访了杜鲁门总统。

她先后向马、杜提出一整套关于要求美国援助蒋介石的计划。当时,国民党大势已去,人民解放军占据了大半个中国,美国人是明白的,怎么会同意她的要求呢!

失去外援的蒋介石像热锅上的蚂蚁,在没有任何办法的情况下,不得不做出了与共产党和谈的姿态,但和谈是有条件的,他在台上,是谈不成的。迫于形势的变化,蒋介石做出下台准备。

于是,就出现了蒋介石隐退,由李宗仁负责和谈的局面。

权力如何交接?蒋介石与李宗仁开始谈判。

蒋介石的代表张群、张治中、吴忠信来傅厚岗看李宗仁,就蒋介石下野问题进行初步洽商,经过多次会谈,达成几点协议:

(一)蒋总统为便于政策的转变,主动下野;

(二)李副总统依法代行总统职权,宣布和平主张;

(三)和谈由行政院主持;

(四)和谈的准备:

甲、组织举国一致的内阁,其人选另行研究;

乙、运用外交,特别加强对美、英、苏的关系,以期有利于和平实现;

丙、主动争取不满政府与主张和平的政治团体及民主人士,共同为致力和平而努力。

蒋介石的代表离开后,程思远将协议内容打电话告诉了白崇禧,白崇禧是不同意这个协议的,他在电话中说:"蒋下野必须辞职,由李德公正式就任总统,不能用代理名义。如果名不正,那就什么事都办不。我们必须坚持到底,不能有所让步!"

这时,美国大使司徒雷登也表明立场,他认为蒋介石下野是明智之举。

12月24日,蒋介石正式任命吴忠信为总统府秘书长,这是蒋介石准备下台的重要人事安排。蒋介石自己表态,他下野的日期预定为1949年元旦。

就在这时,白崇禧却出人意料地发表了逼蒋下台的通电,接着长沙绥靖主任兼湖南省政府主席程潜也同时致电蒋介石,要求他下野,以利国共和谈进行。

他们的举动惹火了蒋介石,认为这是李宗仁在作乱,是李宗仁掌权心切,在迫不及待地指示这些人通电逼他下台。

蒋介石是什么人?逼他能管用?他是很爱面子的,于是他不再谈交权的事。

1948年12月的一天晚上,蒋介石亲自主持军政要员开会。到会的有副总统李宗仁,行政院长孙科,立法院长童冠贤,监察院长于右任,总统府秘书长吴忠信以及国民党中央常务委员张群、张治中、邵力子、陈立夫、谷正纲等40多人。

会后吃饭时,蒋介石的心情很不好,他愤怒地说:"现在局面严重,党内有人主张和谈。我对这样一个重大问题不能不有所表示。现拟好一篇文告,准备在元旦发表。现在请岳军先生朗诵一遍,征求大家意见。"

文告宣读完毕,没有人敢讲话,蒋介石问李宗仁对这篇文告有什么意见。李宗仁说:"我与总统并无不同的意见。"

这时谷正纲发言了,他说:"我极力反对发表这个文告,因为它表示总统有下野谋和的意向,这将对士气人心发生重大影响!"

蒋介石更生气了,他站起来说:"我并不要离开,只是你们党员要我退职;我的下野,不是因为共产党,而是因为本党中的某一派系。"

说毕,饭也不吃,就愤然离去。

第二天,即1949年元旦,蒋介石的求和文告公开发表,从此,李宗仁任代总统。

战争仍在继续,蒋介石仍在幕后指挥着军队,李宗仁这个代理总统是难做的。从经济上来说,原国库里的全部银圆、黄金、美钞,蒋介石早已密令运往台湾,这是一个烂摊子。从军事上来说,打仗需要钱,他手里却没有,他的命令根本不管用,在这种情况下,只有走和谈这条路。

但是,后来,李宗仁却没有在和谈协议上签字。

这时,中国人民军事委员会主席毛泽东和中国人民解放军总司令朱德联合发出了《向全国进军的命令》。

人民解放军形成南下渡江之势。

李宗仁与白崇禧等人商议,决定向蒋介石"摊牌"。白崇禧说:"现在看来,划江而治的条件共产党是不会答应的,不答应就得打,要打军队就得统一指挥,你和蒋只能选择一人负责领导政府,要么蒋复职,要么你出洋,要么蒋出国,让你拥有指挥政府的全部权力。"

李宗仁来到杭州后,蒋介石却拿出一份电稿说:"这是一份通电,准备由我们两人联名发出,声明共产党毫无诚意,和谈已经破裂,中国国民党政府昭告内外,将继续作战到底。"

李宗仁说:"我是为和谈而来的,如果继续作战,最好还是你复职。"

蒋介石明白,美国人不支持他,复职意义不大,就对李宗仁说:"和谈由你负

第六章 玩弄权术之谜

责,战争也你负责。请你勉为其难,不要后退。"

李宗仁只好返回南京。

国民党大势已去,蒋介石怕李宗仁投靠共产党,就开始对他下手,调集大批特务来监视他的行踪,随时准备动手。

据说,早在蒋介石下台之前,就开始布置暗杀李宗仁的计划了。

为此,他选中了杀人高手沈醉。

当时,国防部保密局云南省站长沈醉突然接到保密局局长毛人凤的一份急电,让他把云南省站的职务交给副站长代理,立刻赴南京另有任用。

沈醉从昆明飞到上海后立即转乘火车前往南京,毛人凤派保密局总务处长成希超到车站迎接,并将他送到玄武门保密局外宾招待所。

当天下午,毛人凤就带着沈醉去见蒋介石。

蒋介石很忙,他们从下午3点等到5点多钟才抽出时间接见。

蒋介石的态度非常和蔼,他很亲切地问了云南站的工作情况和沈醉的家庭情况,最后才问:"你知不知道这次调你到南京干什么?"

沈醉说:"毛局长已告诉我了。"

蒋介石说:"让你来负责这项工作是我对你的信任呀!这项工作是关系到整个大局的问题。共产党是迟早可以打败的,而内部的捣乱比共产党更难处理,所以我决定采取这个办法,好使内部统一团结起来一致对外。共产党只有一个敌人,所以能打胜仗,我们却有两三个敌人,几方面要对付,困难就多得多。这项任务关系到党国安危,绝对不能泄漏,要从速布置好,何时动手,听我的命令吧!"

离别时蒋介石握着沈醉的手对毛人凤说:"他是我们最忠实勇敢的同志,他工作上,生活上如有困难,你要尽力帮助解决。"

第二天上午,沈醉来到保密局与毛人凤商量如何行动的事。

为了保密,当时毛人凤只找了局长办公室主任潘其武和叶翔之进行商量。他们决定担任这一任务的单位叫"特别行动组",进行的办法分为两部分,一是担任暗杀,一是防止李宗仁离开南京。同时对其他桂系头子也采取同样办法来对付。布置方面由沈醉与叶翔之协商办理。会后由毛人凤分别通知经理处和人事处,凡是特别行动组要钱要人应尽量满足。

几天后,特别行动组做出决定,暗杀李宗仁的工作由沈醉主持,毛人凤选派秦景川、王汉文两人作为助手。

秦景川在军统看守所担任杀人工作,枪法准确,办事稳重。

王汉文为东北惯匪,从小就干杀人越货勾当,能以手枪射落空中飞鸟。

沈醉分析认为,李宗仁住在傅厚岗后面,汽车进出转弯时速度很慢,从两面同时射击很有把握。为了侦察李宗仁的行动,行动组便在马路通向他住宅的转角处开设了一个旧书摊,一方面可掩护侦察,另一方面可以在决定行动时利用这里多站几个人而不被发觉。

为了防止李宗仁突然离开南京,他们又分别派人在光华门外飞机场附近一条小街上开设一家杂货店,如果发现李宗仁到机场乘飞机,立刻报告毛人凤通知空军,准备用战斗机在空中将他的座机击毁。

当时桂系军队有一部分在安徽,为了防止李宗仁乘火车走,便在江南铁路车站附近买了一个小木房,派人摆设香烟摊,监视李宗仁的行动。

另外,在汤山附近通杭州的公路上,他们还派人开设一家小饭馆负责监视,还在白崇禧住宅对门开了一家小酒馆,卫士到这家酒馆里饮酒聊天以此来监视白崇禧的行动。

毛人凤拨给特别行动组两部速度最快的车,准备李宗仁坐火车或汽车离开南京时,可以追到半路上去进行阻击。

这个行动组最紧张的时候是1949年5月中旬,那时,蒋介石正在考虑是暂时退休交给李宗仁来代理,还是把李宗仁暗杀后自己继续干下去,因为淮海战役蒋介石的精锐部队全部被歼灭,李宗仁还拥有一部分兵力。

这段时间,毛人凤每天都要指示沈醉做好一切准备,以便蒋介石一下命令就马上动手。

当时行动队员都准备有两支手枪,弹头内都注入最猛烈的毒药,只要射中身上任何地方,都可以引起血液中毒而无法救治。

暗杀李宗仁是蒋介石的批示,只能成功,不能失败。因此,毛人凤担心李宗仁会躲在家里不出来,就指示沈醉到李宗仁住宅附近进行勘察,以便命令下来立即执行。

一切准备工作都做好了,但却没有得到蒋介石下达的命令。

1949年1月20日,毛人凤突然将沈醉叫到办公室说:"行动取消了,你马上结束这个组的工作!"

沈醉有点不理解,就问:"机会很多呀!成功的把握很大,为什么要取消呢?"

毛人凤挥手说:"不要多问,这是老先生的意思!"

沈醉说:"这些人怎么办?"

毛人凤说:"把所有担任监视的人交给人事处去安置,你可以把秦景川、王汉文、吴德厚三人带回昆明去,必要时再为蒋介石去刺杀他所想要杀掉的人。"

后来,情况发生了变化,虽说蒋介石与李宗仁的关系更加恶化,直至蒋介石逃离大陆,机会那么多,他都没有对李宗仁下手,这是为什么呢?就连当事人李宗仁也不理解。

后来,蒋介石逃到台湾,李宗仁去了美国,两人仍在打口水战,蒋介石很后悔,当年是应该干掉李宗仁的,却迟迟下不了决心。

据说,当年李宗仁流亡海外时,蒋介石曾多次派人去暗杀他,也都没有成功,还是让他跑回北京来了。

第六章 玩弄权术之谜 **105**

## 秘密杀害杨虎城经过

杨虎城是在重庆解放前被特务杀害的。

蒋介石对"西安事变"中的主角人物张学良和杨虎城恨之入骨。张学良陪同蒋介石回到南京后就失去了自由。

1937年4月27日，杨虎城被迫辞去西安绥靖公署主任及十七路军总指挥职务，准备离开西安。

6月16日，国民党发布了一项命令派杨虎城为欧美考察军事专员。杨虎城6月29日出国。就在他出国后第8天，中国发生了"卢沟桥事变"。

他立即发电："日寇进迫，国将不国，噩耗传来，弟以革命军人，何忍此时逍遥国外，拟由旧金山返国抗敌，祈转陈委座。"

过了几天，他在美国旧金山接到宋子文回电："以目前情况观之，请稍缓返国。"

杨虎城在国外前后三次致电蒋介石，请求让他回国参战，但蒋介石没有复电。

杨虎城再次向宋子文发电，宋子文回电："兹值全国抗战，各方同志均纷纷集合，共赴国难，兄虽未奉电召，弟意宜自动回国。"

杨虎城于11月26日回国，刚一走上码头，就被特务头子戴笠带走，从此就失去了自由。

国民党撤离大陆前，军统特务遵照蒋介石的批示，将杨虎城一家秘密杀害了。

1946年，抗战胜利，政治协商会议召开，共产党提出释放张学良、杨虎城、罗世文、车耀先等政治犯的要求，但蒋介石说话并不算数，将杨虎城从贵州息烽监狱送到重庆杨家山关押。

蒋介石下野后，李宗仁曾下令释放政治犯，在重庆的杨森不敢做主，叫周养浩打长途电话给毛人凤，毛人凤也不敢做主，就去请示在溪口的蒋介石。

当李宗仁派飞机去接时，特务头子周养浩奉蒋介石之命把杨虎城转移到贵阳去了。

1949年8月，解放军攻克长沙，国民党开始撤退。

这时，蒋介石要对杨虎城下毒手了。参与杀害杨虎城一家的一名国民党特务后来回忆说："当时杨将军的儿子拯中，双手捧着盛满他母亲杨夫人骨灰的箱子紧跟在后面。这一年，他才十七八岁，但是头发已经花白。这时早已监视着他们的刽子手杨进兴、熊祥等人，怕杨拯中有所反抗，所以决定分别在不同房间同时向他们下手。当杨拯中走上石级、步入正房的一间卧室时，杨进兴从后迅速以匕首刺入他的腰间，他惨叫了一声，来不及挣扎就倒了下来。这时走在前面的杨虎城已知有异，正想转回头来看一看，但经验丰富的刽子手已把刺刀刺进了他的腹部。杨虎城将军挣扎了几下，也倒了下来。杨虎城父子被惨杀后，杨的秘书宋绮云夫妇带着两个孩子到达时，也先后被刺杀。两个小孩子虽跪地求饶，特务还是不放过，死于血泊之中。两个小孩是杨虎城的八岁小女儿和秘书宋绮云夫妇的儿子，他们小小年纪，无辜惨死，最令人心痛。"

## 他是怎样离开大陆的

1949年1月21日，蒋介石下野，第二天就回到溪口镇。

他这次回老家很低调，国民党大势已去，没有人来欢迎，只有几个亲信忙忙碌碌，准备接待事宜。

他的专车穿过溪口小镇，开到离镇三里外的蒋母墓道，当晚就住在了墓庐"慈庵"。随从人员分别住进了武岭学校礼堂。

据一位当时伺候蒋介石的人说："先生这次回来，心情很不好，火气特别大，处处不顺眼。"

1949年农历正月二十一，蒋介石带着蒋经国和孙子、孙女专程到葛竹外婆家扫墓探亲，并在表弟王震南的家里住了一夜，还给村内每户人家分了一双在宁波定做的"对开"馒头。

蒋介石这次到葛竹和舅舅一家人叙旧时心情复杂，他多次对表弟王良穆说："良穆，你到溪口来，我在家等你。"

临别时他仍在叮嘱这句话，但王良穆没有理解其意。

后来，王良穆说："表哥这次来，特别客气，从前他从来没有这样邀请过我。当时我没有领会他的意思，直到他离开溪口，才知道他是想叫我跟他到台湾去。"

从葛竹回来后，蒋经国就到岩头外婆家扫墓辞亲。他探望了大舅母张定根并在她家吃了中午饭。

张定根送给蒋经国一只大公鸡，一包长寿面，还有一些鸡蛋，她说："经国，过几天就是你的40岁生日了，这些东西表示舅母的一点心意。"

蒋经国接过舅母送的生日礼品说："大舅母，我们就要走了，您老人家是否跟我们一起去？"

张定根问："到哪去呀？"

蒋经国说："我们到哪里，舅母就到哪里。"

张定根说："我老了，哪儿也不想去了，还是家里好呀！"

清明节那天，蒋介石带着蒋经国夫妇和孙子、孙女给母亲扫墓。

他在墓前躬身下拜，老泪横流。拜毕，他站到一边对孙子们说："多磕几个头吧。"

蒋经国的妻子蒋方良只在墓前鞠了一躬，蒋介石很生气，怒目而视，事后斥责说"俄国人不懂礼节"。

清明过后，蒋介石带着蒋经国等人到附近联宗祭祖，足迹遍及宁波的柳亭庵、弥陀寺、天童寺、金峨寺及奉化的楼隘村、山岭村、沙探头村、葛秦村等地。

在宁波南郊的柳亭庵，蒋介石祭扫了柳亭庵边的蒋姓祖坟，给柳亭庵当家500元钱，委托他管理好坟墓。之后，去宁波东方的小盘山。祭扫了弥陀寺旁的溪口蒋氏始祖蒋宗霸，给弥陀寺当家果如和尚大米五石，托其经常供奉香火。

据一个老人回忆，说那天许多人正在掘笋。上午9点多钟，三顶轿子，一队卫士进村，乡绅和族长端香烛欢迎，先到蒋家庙，后进蒋家祠堂，有一蒋姓老头不顾卫士拦阻，大声喊叫："我要看看蒋介石呀！"

蒋介石迎上去说："蒋介石就是我。"

清明过后几天，他派人前来通知，第二天上午约8时许，带了蒋经国夫妇、孙子、孙女全家到达山岭村，拜了祖墓，在墓前拍了全家照，进祠堂又拜了神位，还到摩诃庵喝茶。他对族长很有礼貌，因为族长比蒋介石大一辈，蒋介石叫他阿叔，族长直呼其小名"瑞元"。

蒋介石对村民显得亲密无间，当卫士拦阻围上来的蒋姓族人时，蒋介石挥手说："不要拦，不要拦，都是自家人。"

沙头在奉化城南35华里处，附近有奉化三大名刹之一青莲寺。蒋介石一行于上午到达该村，先到青莲寺朝拜了如来佛，在寺内吃了中午饭，饭后进村，到蒋氏宗祠拜了同姓祖宗和族长。

蒋介石问了各人的名字，其中一个说叫蒋兴宝，蒋介石接口说："你把你的这个名字掉个头，叫蒋包兴就好了。"

蒋介石是一个很迷信的人，他来到葛村下轿步行时，看到路边有一个老人，就走上去问他姓什么？老人说："姓王。"

蒋听后认为吉利，就很高兴，脱帽点头。

到蒋家祠堂，一个老人想挨近陪同，蒋介石问他："你姓什么？"

那人说："姓谢"。

蒋介石感到很不吉利，就板起面孔说："你还是走开吧！"

蒋介石进蒋家祠堂，脱帽行礼，并找族内长辈叙话。这次到葛泰，共五顶轿子，同行的有蒋经国、俞济时和蒋介石长孙孝文、孙女孝章。

奉化县城虽无蒋姓，却是蒋介石童年时常来玩的地方，他曾就读于城内的龙津、凤麓学堂，他与宋美龄还挂着奉化孤儿院正副董事长的头衔，因此就专程来访了。

蒋介石这次回乡，住了三个多月，凡是能去、想去的地方都去了。

这就是一种故乡情绪，因为他知道，将要离开故乡了！

1949年4月21日，解放军横渡长江。23日，占领南京。

24日中午，蒋介石下令："把船准备好，明天离开溪口。"

4月25日，蒋介石、蒋经国父子离开溪口镇来到溪南。

蒋经国4月25日的日记，写下了临行前的离别情绪："上午，随父亲辞别先祖母墓，再走上飞凤山顶，极目四望，溪山无语，虽未流泪，但悲痛之情，难以言定。本想再到丰镐房探视一次，而心又有所不忍；又想向乡间父老辞行，心更有所不忍，盖看了他们，又无法携其同走，徒增依依之恋耳。终于不告而别。天气阴沉，益增伤痛。……且溪口为祖宗墓庐所在，今一旦抛别，其沉痛心情，更非笔墨所能形容于万一……"

蒋介石从团埃下海出走是早有准备的。

据一位老人回忆："蒋介石坐的军舰，

船头号有'泰康'二字。这艘兵舰早在1949年阴历过年之前,就到我们村前海面来过。不久,我去宁波,又见它停在江北岸,一看就认得,所以对它印象特别深。以后,蒋介石走前一星期,这只兵舰又停到了我们村前海面上,舰上士兵经常到村里来买菜。起初不知道这只兵舰开来开去干什么,后来才明白是为蒋介石从这里出海做准备的。"

1949年4月25日下午,蒋介石从宁海县西庐乡团埃村下海出走,从此,永远离别了家乡。

# 第七章
## 生活轶事之谜
DIQIZHANG SHENGHUOYISHI ZHIMI

### 他平时都吃什么

也许人们会猜想,像蒋介石这样的大人物,在生活上是很讲究的,山珍海味什么的,想吃什么有什么。是的,他是有这个条件的,但他的生活却很简单,不怎么讲究,多年来仍保持着浙江奉化农民的一些生活习惯。

曾做过中华民国总统、国民党总裁的蒋介石,并不太注重个人享受,一不喝酒,二不喝茶,三不吸烟。

据蒋介石身边的人披露,他的食谱很简单,但制作却相当精致。

早上9点之后,他看过当天报纸就开始吃早饭。

这时副官会推着一辆可以折叠的餐桌来到沙发前,蒋介石就坐在沙发上用餐。他早餐喜欢吃点心、喝鸡汤,他喜欢的这两种风味食品能经常出现在餐桌上,因为这是他家乡浙江奉化的小菜。主食有时也吃包子、馒头或者上海式的餐点。为了让他吃得称心,厨师天天得变换花样,但无论饭菜怎么变花样,他最喜欢吃的仍是家乡那些菜,对特制的腌笋和芝麻酱有浓厚兴趣,他的吃法是拿腌笋蘸着芝麻酱吃。腌笋是蒋介石每天都要吃的家乡菜,官邸内务科每年都要腌制几十斤。

蒋介石一口假牙,因此,习惯吃烧得比较烂的菜,无论是中餐、晚餐,桌上大概是五道菜左右,菜色是二荤三素或三荤二素,每道菜称不上是宫廷美食,但却兼顾了风味和营养。他的正餐是以中式和西式餐交互替换,中餐是吃中式餐点,晚上就是西式餐饮。

虽说他注重饮食,但并不挑食,摆在桌上的菜他都会吃上一点,对西餐的兴趣不大。每当官邸晚上吃西餐时,他就没有多大兴趣。

蒋介石还爱吃"黄埔蛋",其实这种黄埔蛋就是用大火炒出来的蛋,里头还放些葱花,起锅时间特别快,吃起来很嫩。在他牙疼的时候这是必备的菜肴。

蒋介石不喝酒，喜欢饭后吃水果，喜欢吃木瓜、香蕉、西瓜、美国梨等时鲜水果，不喜欢吃苹果。

从吃水果的一些细节就可以看到蒋介石生活节俭的一面。他吃香蕉时如果上午只吃了其中一小段，中午就会接着吃没吃完的那部分，他留在盘子里这小段香蕉是没有人敢碰的，这是规矩。如果有人不知情，把这一小段丢掉或吃掉了，等他问起时就得挨骂。

据翁元回忆，有一次，他随蒋介石到高雄，正好带着孙子孝武、孝勇，蒋介石和孩子一起吃饭，工作人员为他们每人端上一片西瓜，蒋介石却选了其中一块，用水果刀切成两半，再分给两个孙子吃，并说："东西不要随便浪费，小孩子只要够吃就可以了。"

这种事工作人员都觉得不可思议，对自己的孙子还这么小气，其实不是小气，这正是他生活节俭的反映。

宋美龄与他的生活习惯不同，可以说是格格不入，她喜欢吃西餐，蒋介石却对西餐不感兴趣，几十年的夫妻生活，在吃喝问题上他们并没有完全统一。

进入晚年的蒋介石，在生活习性上逐渐走向淡泊，越来越像一个普通老人。这些生活特点，从许多生活小事上都是可以看出来的。

台湾不产苹果，出现在台湾市场上的苹果全是由海上运来的，价格昂贵。在蒋介石的家里，客厅里常常摆盘水果，最常见的是苹果。

这些苹果有时是采购员从市场上买来的，但绝大部分是他的亲戚、部下来拜访时送的，苹果的价钱蒋介石是不清楚的。

有一次，有几个亲戚带着孩子来做客，蒋介石喜欢孩子，就将苹果分给孩子们吃。这时一个小男孩好奇地说："哇！这么好的苹果，一个就得30块钱呀！"

蒋介石有点吃惊，就问："有这么昂贵吗？"

孩子说："老爷爷你不知道呀？市场就是这个价钱，一般很少有人能买得起的。"

蒋介石不说话了。

台湾的物价一直是比较高的，那时一斤猪肉20多元，一担蓬莱米也要100元，这些价钱蒋介石是知道的，但一个苹果30块他并不知道。

送走亲戚后蒋介石将管家找来训话，他说："我听孩子们说一个苹果要30多元，这是真的？"

管家说："是的。"

蒋介石说："一个苹果就是三四十斤大米呀！为什么要买这么贵的水果呢？"

管家说："这也不全是买的，大部分是客人送来的，我一年买不了几次，在没有人送的时候，我才去市场买一点。"

蒋介石说："没有想到吃苹果比吃肉还贵呀！以后要少买，节俭为本。"

晚年的蒋介石的确像个孩子，自从他知道了苹果的价钱后，就对客厅摆的苹果留心研究了，他会当着工作人员的面清点盘中苹果的个数。

有一次，他点数时觉得不对，在数量上与昨天晚上清点时有出入。于是，他脸色变了，立即将工作人员叫到身边问："一个苹果30多块呀，是谁偷吃了这么多个？"

工作人员笑着说："我们没有偷吃呀！"

蒋介石很生气地说："那怎么少了几个呢？"

工作人员说："刚才有几个幼儿园的孩子给夫人送母亲节的手工艺品来了，是夫人叫拿去几个给孩子吃。"

蒋介石说："嗯，是这样呀！她好大方呀！你是知道的，我自己都舍不得吃的。"

这是一个很有意思的生活细节，从前他在大陆时是"中国首富"，他家的生活开支有多大呀！

到台湾后也是第一富户，他的日常生活开销是不会自掏腰包的，没有想到进入晚年后，他却节俭起来，在苹果这个问题上与平民百姓的心态完全是一样的。

### 蒋介石的衣着准则

蒋介石是一个很注意个人形象的人，从现在我们看到的一些照片中能看出他的英俊潇洒气质。虽然让人印象最深的是几张西装照，但蒋介石是一个很传统的人，除了军装就是中山装或长袍什么的，平时很少穿西装。

年轻时的蒋介石并没有蓄胡子的习惯，改变的时间是在1927年，当时蒋介石41岁，在访日归国后开始蓄起八字胡，他为什么要突然改变造型，其中原因外人是不知道的。

也许只能这样推测，当时他刚刚下野，同时彻底斩断了过去的三段感情，准备与宋美龄结婚，以便结合宋家的财力重新从政，以新的形象出现可能就是当时心境的表现。

蒋介石的生活很有规律，军人作风，做事一板一眼，十分注重形象，但在穿戴上却比较简单。正式场合多着军装或中山装，甚至连就任中华民国第一任总统时也是长袍马褂，副总统李宗仁则身着军装，这形成了一道很不和谐的风景线。

他很在乎衣着和形象问题，最讨厌衣衫不整的人。他认为什么场合穿什么衣服都是有讲究的，这也是他的生活原则。通常来说，在家里他要保持家长的威严和慈祥，通常会穿一件长袍，冬季为棉质黑色，夏天穿绸缎浅灰色，春秋季节为棉质深灰和蓝色。去总统府办公时或穿墨绿色军便装或银灰色中山装，这样显得庄严肃穆。外出视察或接待外宾时也多穿这两种服装，遇上节庆、典礼，或穿黑色长袍或穿上将礼服，并佩戴勋章。到军队视察，就穿军便服或正规军装，遇有重大军队节庆活动，如检查部队时，他总是穿上戎装，并披上他那件穿了多年的外黑里红的披风。

他在衣着上的审美原则是：一不能花哨，太花哨有伤风化；二要朴素、干净。他认为这是一个人内在修养的外在表现。因此，宋美龄在公开场合都穿旗袍，颜色却以黑色、暗红和墨绿为主。

蒋介石与宋美龄

在他的影响下，他的儿孙们的衣着一般以军装、西装、校服为主，除蒋经国喜欢穿茄克服外，其他人都是以蒋介石的标准来要求自己的。

以衣着观人，是蒋介石的一个用人细节。

据说有一天，一位张姓的护士受命前来官邸为蒋介石夫妇做护理工作。按照惯例，凡是有关单位选派来的人进入工作之前都得与他和夫人见见面，这也是一种考察。

那天这位张小姐穿的是迷你裙，她是有关部门挑选来的，所以形象和气质都是一流的。

张小姐蹬着高跟皮鞋走进客室时，蒋介石先是眼睛为之一亮，随即便暗淡下来，脸色也变了，谈了几句，就不想多问了。宋美龄却对这个女孩很有兴趣，认为气质的确不错。

接见完毕，宋美龄转身问："你印象

如何呀？"

蒋介石说："言谈举止还可以，就是衣着有问题，太轻浮了呀！"

宋美龄笑着说："我猜你就会说这个！你是老了呀，现在年轻人都喜欢时髦呀！"

蒋介石说："你去跟她谈谈吧，她的裙子都露出大腿来了，以后不要穿这种裙子来呀，影响不好的。中国人嘛，这么穿不好，何为淑女？那就是笑不露齿，裙必过膝，张小姐穿那样的短裙是要不得的。"

台湾地区接受外来文化的影响是比较早的，早在20世纪60年代中期，在美国文化的影响下，台北街头就出现了女孩子穿白色半透明的迷你超短裙的风景。

这种时尚青年人是乐于接受的，但蒋介石却很有看法，他的骨子里受中国封建传统文化影响太深了，他认为这种衣着有伤风化。

## 他真的是秃头吗

蒋介石给人的最深印象就是明亮的秃头，因为从我们能看到的一些影视作品中，他都是这样一种形象，因此，人们都认为他是秃头，就连许多台湾人也有这种看法。

其实并不是这样的，蒋介石年轻时是浓眉大眼，一头秀发。追随孙中山之后，因为要打仗，就剃了个"作战头"。后来，这种"发型"就定了型，因为显得很精神，所以他就喜欢留这种头。

蒋经国当年为了顺利接班，在台湾大搞对蒋介石的个人崇拜活动。

台湾当局的教育部门领导人为了讨好他，便发出通知要求全台湾的中学生都剃成光头，这种发型被誉为"中正头"。

当时蒋介石的孙子蒋孝勇正在上初中一年级，有一次他留着这种头回了家，蒋介石很惊奇，自己的孙子怎么成光头了呢？他问蒋孝勇这是怎么回事。

蒋孝勇有点吃惊，他反问："爷爷，您难道不知道，我们老师让我们大家理这种'中正头'，就是要剃个光头的意思，现在全台湾所有的中学生理的都是这种头呀！"

蒋介石很不高兴，对孙子说："难道我真是一个秃子吗！真是岂有此理！"

因为是他儿子的意思，为什么要这样做，是为了搞个人崇拜呀！蒋介石自然不好公开说什么。

后来，在一次重要的党政联席会议上，他很直率地表明了自己对中学生剃光头的态度，他说："你们很多人会说我是个秃头，其实我是有头发的，只是你们没有注意罢了，我认为教育部门让学生理光头是不对的，不好看嘛！"

据说当时台湾教育部门的一些官员还因此受到严肃批评。

蒋介石认为这种个人崇拜不好，有损他的形象。当年，共产党骂他蒋光头，现在台湾所有学生都学他，都变成了清一色的秃头，使蒋光头的外号更流行，这怎么行呢！

据跟随蒋介石多年的副官回忆，蒋介石的光头是有意留的，直到晚年身边还有专门的理发师，只要头发一长，就要理一次，他喜欢干净、利索，留惯了短发，不喜欢留长发。就连蒋介石自己在批评有些官员时也说：我是有头发的，只是你们不注意看罢了。

所以，秃头只是一种个人爱好，是多年来的军人生活培养出来的，他其实是有头发的，只是能接近他的人不多，自己又不好去公开解释，就在世人面前造成了许多误解。

## 他一生最爱读什么书

作为一个政治家，蒋介石一生酷爱读书，读的最多的是政治人物传记和国学方面的书。他读书跟常人差不多，带有更大的目的性和选择性。

据说，当年"西安事变"发生后，蒋介石被囚，但仍在研读国学方面的书。

张学良是了解蒋介石读书习惯的，他曾当面说蒋介石读书范围太窄，思想太守旧。

关于蒋介石读书方面的话题，在已经公开的蒋介石自己撰写的《西安半月记》一书中就有记录。

书中披露，1936年12月14日下午，蒋介石换了住所，张学良去看他，他们有如下对话。

张学良毫不客气地批评蒋介石的专制作风："余觉委员长之思想实太右太旧——委员长所看之书多是《韩非子》《墨子》一类，岂非太旧？"

蒋介石与宋美龄

蒋介石不同意张学良的说法，他道："尔是以马克思《资本论》与共产主义等书为新书乎？……余在十五年前，已不知批阅几次矣。"

蒋介石早年确曾涉猎过马列著作，他在1925年还写过一篇《中俄联合之意义》的激进思想文章。

张学良说蒋介石"所看之书多是《韩非子》《墨子》一类"，这是实情。

蒋介石对《韩非子》《墨子》之类的书情有独钟。但他的读书范围并不限于这一类。1931年印行，署名"蒋中正"的《自反录》一书，第一集卷二收有《选读各书目录》一篇。该书目大致能反映蒋介石青年和中年时期阅读的情况。这篇目录开列图书43种，其中包括《韩非子》。他还在附记中写道："本书目亲自选定，以资悉心研究，兹附抄于此。"

这说明蒋介石读这些书，都不是随便翻翻，而是要用心研究的。

他所列的目录共有三大类：

一是儒家典籍、先秦诸子及其他文史书籍。

二是军事书籍，古今中外，皆有涉猎。

三是名人文集、全集。

在儒家典籍中，蒋介石特别看重《四书》中的《大学》《中庸》。宋代以后的理学家都将《大学》视为治国纲领。

蒋介石在《大学中庸新义》一书中曾有这样的点评："我们知道政治是管理众人之事，《大学》一书，把个人的内在修省以及向外发扬的道理，发挥到了极致，可以说政治上一切基本的原理都不外此。"

他对《中庸》也有点评，主要是从治国之道谈的，他说："政治上一切法律制度和政治者的行动态度，皆要合乎礼，就是合乎宜。否则就有过犹不及，如此就要乱了，就不成其为政治了。"

当然，虽说他推荐儒家的治国之道，强调的是"仁政"，但在行为上是很专制的，也许专制才是他失败的主要原因。

我们可以看到，在蒋介石所列的书目中，军事书籍以及跟军事直接有关的书籍占了三分之一。他最推崇的是《孙子兵法》及戚继光、曾国藩、胡林翼的书。

除了军事书，蒋介石对晚清的曾国藩、左宗棠、胡林翼、李鸿章、骆秉章等人的全集也很喜欢，常常是爱不释手。为什么喜欢这些人的作品，这很好解释的，因为这些人都是军人出身，都是战将，都是功臣。

据他身边的人说，当年蒋介石为了对付共产党的军队，还特意组织人员专门研究曾国藩等人的"剿灭"太平军的经验。研究得怎么样呢？事实证明是纸上谈兵，他300万大军，最后还是败于人民解放军之手。

## 他也是一个爱钱的人吗

蒋介石摸不摸钱呢？据他身边的工作人员回忆，他是摸钱的。他的卫士翁元先生回忆说，当年蒋介石曾拿出自己的钱给他发过红包。

有一天，蒋介石突然叫翁元进屋说话。翁元有点担心,他不知道有什么事,他走进了蒋介石的房间,发现蒋介石打开自己的钱包在低头数钱。

蒋介石数着一沓崭新的10元新钞,那是当时台湾地区面额最大的钞票,他对翁元说："翁元！这是我给你的奖赏,你要好好用,不要浪费！"

他小心翼翼地把那沓鲜红的10元纸钞递到翁元手上。

20世纪五六十年代,台湾地区的经济现状不是很好,100元对一个公务员来说是多么大的鼓励。为什么蒋介石要自己掏腰包呢？这是有原因的,原来其他侍卫人员都是内务科按造册发给的,但翁元只是办公室内勤人员,是"总统府"第三局的公务员,还没有编列侍卫人员名册之中,所以,蒋介石只能动用他自己的钱。

当时侍卫人员的奖金发放原则是侍卫官每年三节犒赏是给300元台币,侍卫每人150元,翁元是内勤人员,因工作性质不同,逢年过节就由蒋介石当面犒赏100元。

当然,这些奖金得由蒋介石自己出,翁元回忆说,有一次,蒋介石给他发钱时将手伸过来,突然又缩了回去再次清点钞票,数了一下,的确是多了一张,便从那沓原本要给他的钞票中抽回一张,这是一个很小的细节,至今翁先生回忆起来仍很清晰。

这个细节也很有意思,之前多数了一张,再数时发现了错误,仍要当着人家的面抽回去一张,一般人也许不会这样做,但蒋介石却做了,这就是他晚年的生活作风,如果不是出自当事人之口,一般人是不会相信的。由此可见,蒋介石的确是事必躬亲,做了那么大的官,有时却显得与平民百姓没有什么区别,也很小气,对钱很在乎,这也说明他是很节俭的。

据毛泽东身边的人员回忆,毛泽东晚年时也时常拿出自己的钱补助身边有困难的工作人员,但他却从不摸钱,更没有钱包,给多少,只是一张纸条,由专人负责清点发放,但蒋介石却不同,还要亲自数一下,据说身上还有一个自己的钱包。这种做法是常人无法理解的,蒋介石在台湾时每月拿多少钱的薪金,我们并不清楚,但有一点应该承认,他可能是当时台湾地区官员中薪水最高的。

除了管钱,蒋介石在生活中还直接管人,当然是管他身边的工作人员。

凡是服侍过他的人都深感生活中的蒋介石与影视中的蒋介石有许多区别,影视中的他是被艺术化了,生活中才是真实的。比如说,他对身边的人员比较关心。

他身边的人工作有过错,只要不是大事,他都能以长者的身份去批评指正。他年轻时火气大,爱训人、骂人,但在夫人的说服下渐渐改正了。

宋美龄曾多次对他说："你现在的身份和地位怎能随意训人、骂人呢？"

到了晚年,这个训人、骂人的习惯基本没有了,他变成了一个心平气和的老人。据副官翁元先生回忆说,在一次宴会上，宴会已经结束，蒋介石坐在位子上休息，他就忙着收拾餐具。这时，蒋介石突然对他说："不对呀，翁副官。"

翁元有点茫然，蒋介石却笑着说："你那样拿酒杯是不对的，是会失礼的。你看我拿酒杯的样子！"

蒋介石说完做起了示范动作，他很优美地用手托起一只高脚酒杯说："你看看吧，洋酒杯应该这样托着拿，不是用手抓着它，这样会在杯口留下指纹，是很不礼貌的。"

他连这么细小的问题都能发现，并要进行纠正，这说明蒋介石是一个很细心的人。通常情况下，他对身边的工作人员很客气，一切称呼全用姓名加职务，从不直呼其名，这也是一种军人作风的体现。

据翁元先生说，有一次护士骆小姐有事叫他，便站在楼道叫了一声："翁元！请你过来一下！"

翁元出来了，蒋介石却不是很高兴，他对那个护士说："骆小姐！你不可以叫他的名字，应该叫他翁副官才是！"

蒋介石认为，同志之间虽然很熟，但在工作场合应该相互尊敬，上下有别，要讲礼仪，不能太随便，比如说称呼问题，直呼其名，他认为是对别人不尊重，是没有修养的表现。

# 第八章 "反攻大陆"之谜

## "反攻大陆"内幕

蒋介石逃到台湾后,仍对共产党耿耿于怀,一直在策划"反攻大陆",但他的这一愿望生前并没有实现。据说到了晚年,他明知道"反攻大陆"是不可能的,但仍在公开场合要唱这种高调。

蒋介石毕竟是历史人物,近来台湾当局许多有关蒋介石的秘密档案都已解密,从这些资料来看,当年蒋介石"反攻大陆"是受美国政府牵制的。

曾任台湾"国防部长"的俞大维先生,在蒋介石的授意下于1958年访美时建议,由台湾组建4个师(3个步兵师、一个海军陆战队师)的"救火队",执行在台湾以外的远东与中东地区"打击和防御共党武装颠覆及军事入侵"的任务。"救火队"的装备与薪水由美国提供,台军与美军合作训练,部队的指挥与调动,由台湾当局和美国共同负责。

1958年,台湾当局认为,自己有足够的能力组建一支美国所期望的快速反应部队,蒋介石曾让"副总统"陈诚落实这件事。

组建快速反应部队没有美国人的支持是不行的,他们研究认为让俞大维通过美军"协防台湾"司令,向美军太平洋司令提出"救火队"建议。

俞大维在建议中表示,台军除了已具备防卫台湾本岛和澎湖、金门、马祖的力量,现已有能力组建一支快速反应打击部队,在远东和中东地区对抗共产党势力,以维护"自由世界"的安全与和平。他认为组建3个陆军步兵师,一个海军陆战师是完全可以对付共产党的"军事挑衅"的,美军只需提供装备与后勤技术支援。

台湾当局的这个建议没有得到美军支持,蒋介石深感美国人不想加入他的"反攻大陆"计划,但他自己并没有放弃"反攻大陆"计划。

据前台湾"陆军总司令"刘安棋披

露,虽说美国人不支持,但蒋介石本人仍在认真地执行这项"反攻"计划:部队加紧训练、加征税捐(国库增收了6000万美元)、大量购买武器,培养政工人员,成立了"反攻行动委员会",并在外岛练习登陆以及反攻演习。当时计划让主力在金门对岸的围头登陆。

肯尼迪上台后,蒋经国曾携带"反攻大陆"计划书访问他,肯尼迪很重视这个计划,就交白宫国家安全会议讨论,经认真研究,美国还是否决了台湾当局的"反攻大陆"计划。

1962年6月23日,在华沙举行的会谈中,美国公开了自己的立场:不支持台湾"反攻大陆"。

1965年9月,蒋经国访美,又向美国国防部长麦克纳马拉提出台军登陆与空降大陆西南五省的"大火炬五号"计划,由美国海空掩护国军袭击广东、广西、云南、贵州、四川,以切断中共对越共的援助与补给。

这时美国的总统是约翰逊,他态度很坚决,拒绝接受台湾"反攻大陆"计划。

美国人是有自己想法的,他们不会轻易相信蒋介石。尼克松上台后,他的对外政策变了,不想再与共产党为敌,开始与北京接触了,因此,蒋介石的"反攻大陆"政策就成了梦想,根本得不到美国人的支持。

## 抗拒美国人的分裂阴谋

虽说蒋介石在台湾当了家,仍与共产党势不两立,但他毕竟是中国人,如果将台湾让给美国人来统治,会是什么后果?不要说共产党不答应,就连蒋介石自己也是不会答应的。一个中国,也是他的主张,他是不会让台湾分裂成美国的殖民地的。

1950年6月,朝鲜战争爆发后,美国政府在反复权衡利害后选择了继续"扶蒋反共"的政策。6月27日,美国总统杜鲁门声称"台湾未来地位的决定,必须等太平洋安全的恢复、对日和约的签订或经由联合国考虑"。杜鲁门下令美国的第七舰队进入台湾海峡,以武力阻止中国人民解放军进攻台湾。

虽说美国人的声明,使台湾得到了武力保护,但对美国提出的"台湾地位未定论",蒋介石是有意见的,他不希望美国搞分裂活动,因此,他发表声明说:"台湾系中国领土之一部分,乃为各自所公认,联合国无权讨论台湾问题。"

台湾自古就是中国的领土,当年甲午战争的失败使中国失去了台湾,而第二次世界大战的胜利,又给了中国收回台湾的机会,蒋介石抓住了这次历史性机会。

1943年11月,中、美、英三国首脑蒋介石、罗斯福、丘吉尔在开罗举行会晤,商议战后有关问题。开罗会议的一项内容涉及日本战败后台湾的归属问题。蒋介石在会议期间表态坚持要收回台湾。罗斯福认为,支撑中国抗战局面的除了美国人就是蒋介石。美国需要蒋介石的抗战拖住日本,所以同意了蒋介石提出的收回台湾的要求。

1943年11月26日,三国首脑发表了《开罗宣言》:三大国之宗旨在剥夺日本自1914年第一次大战开始以后在太平洋所夺得或占领的一切岛屿,迫使日本所窃取中国之领土,例如,满洲、台湾、澎湖群岛,归还中国。

蒋介石后来曾说:"我最恨的是日本人,因为当年他们把我们的东北和台湾都抢走了,还使我落了个卖国的名声。"

《开罗宣言》已明确了台湾归属中国的地位,台湾根本不存在"地位未定"之说。但美国政府此时却不承认历史事实。

1950年9月20日,美国向联合国大会提出关于台湾地位的"福摩萨问题案",美国国务卿艾奇逊在联大上要求把台湾问题作为一件具有特别及迫切重要性的问题列入议程。

美国政府的这一举动遭到台湾当局反对,台湾当局发言人指出:这是对中国内政的干涉,并表明联合国无权讨论台湾问题。

美国企图以"台湾地位未定论"来分裂中国的阴谋终于没有得逞。

1953年1月,艾森豪威尔出任美国总统,他任命了坚决反共的杜勒斯为国务卿,出于遏制共产主义发展的战略目的,美国政府决定进一步加强美"台"关系。

1954年,美"台"开始磋商签订旨在针对中国大陆的《共同防御"条约"》,但因对条约的适用范围产生分歧,并没有达成协议。

毛泽东获悉这一消息后,马上做出决策,由中国政府对外宣布:中国人民解放军决定从1954年9月3日起,对金门、马祖等沿海岛屿实行"惩罚性打击"。

同年12月,美"台"双方在华盛顿签订了《共同防御"条约"》。

台海危机使美国陷入进退两难境地。尽管美国图谋制造"台湾地位未定论",但金门、马祖等沿海岛屿从未脱离过中国管辖范围,如果美国卷入战争,付出的代价是很大的,也会引起国际舆论的谴责。

美国权衡利弊,为避免中美开战,艾森豪威尔希望蒋介石能主动放弃沿海岛屿。

1955年1月28日,美国策动新西兰出面,在联合国安理会提出讨论台湾海峡"停火问题",其目的是通过联合国让海峡两岸停火,使台湾问题国际化。

虽说台湾当局迫于美国的压力同意了新西兰的提案,但对美国企图使"台湾问题国际化"的立场是坚决反对的。

接着,针对美国策划"台湾问题国际化"的活动,蒋介石声明"决不放弃收复大陆的神圣责任",他也指责了所谓台湾海峡停火的提议,强调大陆、台湾皆为我中华民族领土,不容割裂。

蒋介石在接受记者采访时说:"在四千多年的中国历史上,虽间有卖国贼勾结敌寇叛乱之事,但中华民族不久终归于一统。"

第八章 "反攻大陆"之谜 **121**

在美国干预下，台湾问题出现了危机。

1956年1月30日，在全国政协会议上，周恩来代表中共中央正式宣布了"力争和平解放台湾"的方针。

紧接着，周恩来在会见即将赴台的有关人士时请他们传话给蒋介石："我们从来没有把和谈的大门关死，任何和谈的机会我们都欢迎。我们是主张和谈的，既然我们说和谈，我们就不排除任何一个人，只要他赞成和谈。蒋介石还在台湾，枪也在他手里，他可以保持，主要的是使台湾归还祖国，成为祖国的一个组成部分，这就是一件好事。如果他做了这件事，他就可以取得中国人民的谅解和尊重。"

河北人民出版社于2010年1月出版的《文史精华》中记载，1956年10月，毛泽东公开表示："台湾可以派人来大陆看看，公开不好来可以秘密来嘛！台湾回归祖国以后，一切照旧，可以实行三民主义，可以同大陆通商。"

一个中国的原则，在毛泽东和蒋介石眼里是不能变的。

为了粉碎美国人分裂中国的阴谋，共产党的政策变了，希望与蒋介石坐下来和谈。

后来，美国人又策划"划峡而治"计划，蒋介石也是不买账的，他说："那只是片面的声明，没有任何义务来遵守它。"蒋介石感到美国人是靠不住的，他对美国政府提出的"划峡而治"深感不满。

毛泽东敏锐地觉察出了美国"划峡而治"的阴谋，他指出台湾当局若放弃金马，势必造成台湾与大陆相隔更远，扩大台湾与祖国分裂的状态，不利于统一祖国。

随后，毛泽东就调整了对台政策，决定将金马留给蒋军驻守，从此，金门炮战变得长期化，单日打，双日不打，逢年过节宣布放假，停止炮击，使两岸局势走向缓和。

蒋介石坚持"一个中国"的立场是值得肯定的，他不会完全受美国人摆布。

1960年，美国对华政策有所变化，一方面继续迫使蒋介石推行"划峡而治"的分裂政策，一方面又与中国大陆接触寻找新的解决办法。

后来，周恩来还请有关人士将"奉化庐墓依然，溪口花草无恙"的照片寄给蒋介石，并指示统战部门安排住在上海的蒋介石的堂兄当政协委员，并要求他们照顾好蒋介石在浙江奉化的亲属。

虽说蒋介石后来并没有改变反共立场，但他多次明确表示："只要一息尚存，决不接受两个中国。"

不能让美国人分裂中国，台湾是中国的领土，这是共产党的立场，也是蒋介石的立场，在这一点上，双方的意见是一致的。

## 谁搞"台独"就干掉谁

当时台湾地区有一些人要搞"台独"，但蒋介石坚决反对，他曾公开说："谁搞'台独'我就搞他的脑袋！"但还有人要冒这个险，他们准备刺杀蒋介石，下面这个故事中的人物就是希望搞"台独"的骨干分子。

最早站出来搞"台独"的人叫廖文毅,生于1910年,台湾云林人。他20世纪30年代初毕业于南京金陵大学工学院,1932年赴美国留学,先后获密歇根大学工学硕士、俄亥俄大学博士学位,于1935年回国,先后任浙江大学工学院教授兼主任、中国军政部兵工署上校技工、香港银行团鉴定技师等。1940年,他弃官返回台湾经营企业,历任大承兴业、大承产物、永丰等公司董事长。

抗战胜利后他又进入国民党政界,于1947年主持成立了"自治法研究会",开始鼓吹"台湾独立"。他言行过激引起国民党当局注意,"二二八"事件发生后,他被圈进了通缉名单,后逃到香港。

他离开台湾后全身心投身于"台独运动",在香港成立了"台湾解放联盟",又向联合国递交"请愿书",要求"托管"台湾。

他的活动受到了美国政府的关注,并赢得了支持,美国当时对蒋介石很不满,想扶植这个台湾本土人。

有美国人撑腰,他热情更高,于1950年在日本又组建了"台湾民主独立党",他自任主席。1955年,他又在日本成立了"台湾共和国临时议会",第二年又成立"台湾共和国临时政府",自封"大统领"。

1959年,他为扩大影响,先后访问了瑞士、菲律宾、美国等地。

1960年,他还在横滨组织"台湾独立统一战线",自任"总裁"。

他为什么要这样做呢?因为他自认为是土生土长的台湾人,会受到台湾民众拥戴,有资格与蒋介石抗衡。当时,也的确有一批失意政客和落魄文人在追随他。

后来一个幕僚向他建议,直接派人刺杀蒋介石,只要蒋介石死了,台湾就没有人反对"台独"了。

于是,他们很快就找了一个合适人选,准备入台刺杀蒋介石。

幕僚推荐的人叫郑松焘,据说是郑成功后裔,30多岁,身材高大,精明凶悍,也是土生土长的台湾人,他毕业于日本人办的"台湾警察学校"刑侦专业。

"二二八"事件后因他涉嫌参与被当局开除,后来就到了日本。在日本,他给日本的富人当保镖,与廖文毅的幕僚李先生关系不错,他曾对李先生表态:"给我500两黄金,就能买到蒋介石的头。"廖文毅听后很高兴,他说:"你如果能暗杀蒋介石,我给你1000两黄金!"

1961年10月,郑松焘办好了手续,从东京飞到台北。到台北后,他住进了白龙宾馆,并马上与台北市警察局刑侦大队刑警岳安和取得了联系。

为什么要找岳安和?因为他们关系非同一般,曾是小学、初中、警察学校的同学。当年"二二八"事件发生后,当局根据举报线索,将郑松焘列入逮捕名单,多亏岳安和仗义做伪证,总算在上司面前保下了郑,使郑免于牢狱之灾,只是被开除了事。

郑松焘赴日本后，经济条件好了，也经常给岳安和寄钱寄物，他们的关系是不一般的。岳安和接到电话就来宾馆看他，他们在餐厅用晚餐时，郑松焘说自己最近已经改行做了一家华文报纸的记者，因自己是台湾人，所以单位安排他负责一个以专门介绍台湾政要人物日常生活情况为内容的栏目。这次到台湾来，主要是探访亲友，顺便想收集一些与栏目相关的资料，希望岳安和能够帮忙。

第二天，岳安和来到宾馆和郑松焘谈话。郑松焘说："这样吧，先谈蒋介石，他是'总统'，我向读者介绍，当然先要介绍显赫人物。"

于是，岳安和就将蒋介石在台北市内市外的官邸、别墅情况，每处的地形、警卫情况，蒋介石出行情况，如通常去什么地方，乘坐什么汽车，配备多少警卫，沿途是否戒严等如实告诉了郑松焘。

过了几天，机会终于来了，《"中央"日报》刊登一则消息，说蒋介石将于次日下午二时去"革命实践研究院"演讲。

于是，郑松焘开始行动了。

他不可能从日本带枪过来，郑松焘想借用岳安和的枪。他知道岳安和身为刑警，按照台湾警方的惯例配有两支手枪，借出一支不会影响其开展侦缉活动。

郑松焘给岳安和打电话，说自己准备去龟山岛走走，为安全起见，想借枪防身，岳安和答应了，约定当天下午把枪送到宾馆。

岳安和是有顾虑的，他虽说表面上答应借枪，但他认为郑松焘来台北时并没说过要去龟山岛，龟山岛是安全的，无野兽，无海盗，对旅游者来说不会发生安全问题，他带枪干什么！

岳安和越想越觉着不对劲，他回想了郑松焘来台湾后的一些情况，发现他所关心的全是与蒋介石安全有关的事，又联想到报上已公布了蒋介石明天下午要去"革命实践研究院"演讲的消息，他感到郑松焘行迹很可疑。

岳安和害怕了，决定向当局举报。

这么大的事，向哪个部门举报？后来他决定直接去找蒋经国。像岳安和这种身份的人，想见蒋经国是不容易的，于是他想强行闯入。

他骑一辆摩托车，驶到中飞路蒋经国官邸后忽然一个急转弯，摩托车直向官邸大门冲去。这时两个便衣突然冲出来将他打翻在地。

岳安和被带进官邸，过一会儿，蒋经国就出现了。

蒋经国问："你要见我，究竟有什么事？"

岳安和说："有人要行刺'总统'呀！"

蒋经国问："这是真的？是何人？"

于是，岳安和就把事情的经过说了出来。

蒋经国听后立即给蒋介石的侍卫长打电话："从现在起，按战备措施进行官邸警卫，外人无论是谁，一律不准进入官邸，'总统'若要出去，必须力劝，就说是我的意思，我马上过来当面解释。"

紧接着，蒋经国就把"安全局局长"陈大庆叫到办公室交代任务，他说："你调20多人，由岳安和带路，去白龙宾馆把郑松焘抓起来，由你审讯，弄清行刺背景，立即报告给我。"

布置完毕，蒋经国来到蒋介石身边，并将事情的经过说了一遍。蒋介石并不紧张，他问："真有此事？那个姓郑的是什么来路？"

蒋经国说："目前还不清楚，等抓住后一审讯自然就清楚了。现在并不清楚刺客究竟来了多少人，我建议你取消明天下午去演说的活动。"

这时，官邸值勤秘书报告说局长打来电话，说郑松焘已离开白龙宾馆，不知去向，一部分人留在宾馆，下一步如何行动，听候指示。

蒋经国说："告诉他，让他们紧急出动，在全岛缉捕刺客。"

那么郑松焘是如何逃脱的呢？原来，郑松焘对老同学也不是很放心，当岳安和没有按时把枪送来后，他认为可能出事了，他走下楼找了一辆的士到警察局附近观察动静。

他是刑警出身，知道如果岳安和怀疑自己后会怎么做。他看见岳安和驾着摩托车出了警察局大门，就让的士司机跟踪，一直跟到中正路五号蒋经国官邸，目睹了岳安和驾摩托车冲撞大门一幕，这时，他明白过来了，老同学要出卖他呀！

他没有回白龙宾馆，马上打"的士"逃到嘉义市，连夜逃到香港。

台湾当局为了缉拿刺客，成立了"侦缉指挥部"，调动大批特工人员寻觅线索。三天后，才从的士司机那里得知郑松焘已偷渡出境。

潜伏在日本的特工调查发现：郑松焘从台北打往日本横滨的电话终端用户姓李，公开身份是药店老板，秘密身份却是"台湾独立统一战线"委员，是廖文毅的幕僚。据调查，李某是郑松焘的亲戚，郑松焘赴台前的出境手续是廖文毅出面请美军驻日司令部办的。

最后台湾当局得出结论：郑松焘是受廖文毅派遣赴台湾行刺蒋介石的。

蒋介石得知此事后说："廖文毅胆大妄为！"

蒋经国解释说："廖文毅图谋不轨，是想搞他的'台湾独立共和国'！"

蒋介石很生气，他说："他搞'台湾独立'，我搞他的脑袋，立即派特工去日本，把廖文毅处理了！"

蒋经国是明白的，不能轻易惹廖文毅，他的后台是美国人，如果把廖文毅干掉，就会得罪美国人，不能因廖文毅而误大事。

后来，蒋经国拿了一份《行动方案》报告蒋介石。蒋经国说："此事不好办呀！廖的背后是美国人，我们也得靠美国人，不敢得罪。但廖文毅如果见我们对他无动于衷，就会小看我们，说不定还会再派刺客。我们要让廖文毅知道，不杀他，并非我们无能，杀个鸡给猴子看，把刺客郑松焘解决掉完事！"

蒋介石说："好的，就按你说的意见办！"

蒋经国把暗杀郑松焘的任务交给"安全局"。"安全局"派出一支三人行动小组，这三名特工是：施丰涛、奇建荣、李诤诤。李诤诤是当时台湾为数不多的女特工。

这三人接受命令后以旅游、探亲和经商的名义，装成互不相识的样子，坐同一架日航班机由台北直飞日本。

到东京后，施丰涛、奇建荣、李诤诤立即对郑松焘进行秘密跟踪。

几天下来，他们就弄清了郑松焘的情况：郑在东京大藏机株式会社担任保卫工作，是个小头目，上班时间是上午9点到下午5点，周六、周日休息，周一至周五，清晨7点多从灯塔道公寓出来，步行5分钟到地铁车站至青山公园下车，在车站外的一家小店吃早餐，然后坐公交车去上班。

掌握了他的行动规律，三人商议好行动方案。

他们决定在地铁站下手，将郑松焘推下铁轨，让火车轧死，这便于他们事后脱身，也不会留下什么痕迹。

1961年11月29日。

上午7时30分，郑松焘西装革履从家里出来进入地铁站。

站台上乘客不多，他站在原地看报纸，奇建荣从侧边走过来，边走边吃香蕉，经过郑松焘身边时，将香蕉皮扔在地上。

过了一会儿，传来火车的鸣叫声。

郑松焘收起报纸刚要朝前走时，忽然身后出现了一个姑娘，她手里拿着一张纸，指着上面的日文对郑松焘说："先生，诸多关照！"

郑松焘被这个姑娘迷住了，他笑着说："你是要问路吗？"

她就是李诤诤。她问："先生，去高田马场该坐到哪里下车啊？"

郑松焘还没有说话，这时旁边的施丰涛忽然用日语大声说："阿川，你在哪里工作？"

李诤诤转身正踩在香蕉皮上，滑了一下，打了个趔趄，双手将郑松焘一推，郑松焘猝不及防，就被推下去了，这时火车进站，郑松焘当场被碾死。

从表面看，郑松焘之死是意外事件，日本警方一无所获，也就没有去调查。

但"台湾独立统一战线"的领导人廖文毅是明白的，他知道这是台湾当局派特工干的。

廖文毅有点害怕了，他知道台湾当局特工是无孔不入的，担心自己成了下一步暗杀目标。也就不敢再高唱"台独"的调子了。

蒋介石对这个政治对手是很关注的，他曾派人给廖文毅捎话说：只要放弃"台独"，欢迎他回台湾来。

为了生存，后来廖文毅宣布"台湾独立统一战线"解散，他本人放弃"台独"主张，随后便回到台湾。

蒋介石说话是算数的，他没有为难这个对手，而是任命廖文毅为"台中港筹建委员会"副主任。

从这个事例可以看出，在蒋介石看来，政见不合可以，但不能搞"台独"。过去搞过，只要后来放弃了，就应该团结他，让他出来做事。

## 扶持儿子掌权

在政权交接上，蒋介石看中的是他的大儿子蒋经国，因此，在许多场合都在有意栽培他，二儿子蒋纬国有许多意见，但只是敢怒不敢言。

1970年4月，蒋介石批示蒋经国代表他去美国访问，当时蒋经国的职务不高，只是"行政院"副院长，这种安排使一些国民党高层人员感到意外，在这种意外的背后，却暗藏着一场谋杀内幕。

行刺者是郑自才、黄文雄，但没有成功。

虽说这是一场虚惊，蒋经国并没有受到什么伤害，但也使蒋介石有点紧张，于是他对有关部门下指示，一定要加强蒋经国的安全保卫工作。

七海的警卫组就是在这种背景下成立的。

这个警卫组在组织编制上属于"联合勤务指挥部"，从"总统府侍卫队"及"宪兵""警官队"里精选了一支侍卫部队，专门保护蒋经国的安全。

蒋经国赴美还没有回台，这个警卫组已经编配完成，被派遣到七海蒋经国的官邸承担保护任务。

蒋经国从美国回台后，这个安全组就真正发挥作用了。

这个组归属"联合勤务指挥部"的"安全局"，在经费上是绝对有保障的，警卫组共有60名安全人员，经蒋经国核准同意后还成立了一支专门负责他日常工作的交通勤务车队。

过去，蒋经国的官邸七海也只有4名侍卫负责安全警戒，现在警卫组成立，有这么多的安全人员，蒋介石才对儿子的安全放心了。

蒋经国为人处事比较低调，不招摇，但现在却变了，他不得不为自己将来接班考虑。

据说，他对这个安全组是非常重视的，并对警卫组人员在形式和实质上都做了许多改革，其目的只有一个，那就是与他父亲的卫队有所区别。

区别在哪儿？比如说，在着装方面，蒋介石的侍从人员全是中山装，无论蒋介石出行时穿什么，侍从人员仍是中山装，从衣着上来看与蒋介石没有什么直接关系。

蒋经国就不同了，自从成立七海官邸警卫组之后，这些侍从人员在着装上一律是跟着蒋经国的衣着而定的，蒋经国穿西装，大家就穿西装，他穿青年装，大家就穿青年装，他穿夹克，大家穿夹克。

大儿子出头露面的机会多了，安全也有了充分保障，但二儿子呢？这种接班人问题的矛盾是无法消除的。

蒋介石也多次向身边的人员诉苦："家事不好管呀！"

说句真话，最令蒋介石忧虑的"家事"

就是在接班人问题上出现的蒋经国和蒋纬国兄弟不和的问题。

蒋纬国不是蒋介石的亲生儿子,关于他的身世问题至今仍是一个谜。也许正因为蒋纬国身份特殊,因此,蒋介石对蒋纬国才十分关心。

1924年10月1日,蒋介石对蒋经国写信说:"你同纬儿同住甚好,你要时时教导他,做他的一个好榜样。现在上海家中情形怎样?亦须详详细细地写封信来告诉我。至要!至要!"

虽说蒋经国、蒋纬国并非亲兄弟,在这一时期他们的感情还是不错的,他们是跟在蒋介石身边长大的。

1926年,蒋介石出任国民革命军总司令。当时蒋经国已经赴苏留学,蒋介石便把次子蒋纬国带在身边。因此,国民党要员中认识蒋纬国的人很多。现有人们能看到的一张照片就能说明问题,当时蒋介石在就任国民革命军总司令一职演说后骑一匹大白马阅兵,之后在广州火车站与前来送行的国民党要员合影,这张照片上就有蒋纬国。

这张照片是很珍贵的,在当时也是很有新闻价值的,背景是火车车厢,车厢的窗口站着几名背枪的军官,车厢前的月台上,蒋介石一身戎装,他的右前方藤椅上坐着张静江,在张静江左边,站着一个小孩,就是蒋纬国。

这张照片当时在许多媒体公开发表,蒋纬国的知名度提高了,可以说是超过了他的大哥蒋经国。

美国《时代》杂志发表这张照片时还配有如下评语:"这位青年将军(指蒋介石),是目前世界上最年轻的革命领袖,也是世界明日之星。他英气勃勃,像宝石一样,闪闪发光。而尤可惊叹的是他带了儿子出征,他的公子蒋纬国,现年10岁,随侍在他身边,和父亲出入硝烟弹雨之中,一起革命。"

美国人都知道蒋纬国了,但对蒋经国却不了解。

蒋经国是1925年赴苏留学的,当时年仅16岁。他一去不返,在莫斯科学习、生活、工作了12年,于1937年才回国。

蒋纬国1936年赴德学习军事,当时20岁,在外国生活了4年就回国了。

兄弟两人一别就是十多年,生活习性、处世作风都发生了重大变化。

童年的记忆是难忘的,后来兄弟两人长大成人,虽说都在中国,但却失去了在一起相处、沟通的机会。

蒋经国回国后,先在家乡奉化读书,抗战开始后被派到赣南任行政督察专员,从此进入仕途。蒋纬国从德国回来之后进入军中服役。兄弟两人的工作性质是不同的,一个在地方工作,一个在军队工作,都不在蒋介石身边,蒋介石偏重哪个是看不出来的。

但来到台湾后,种种迹象表明,在接班人问题上,蒋介石看中的是老大,是蒋经国,因此,蒋纬国的地位就差一点。

从现在我们能看到的一些史料来分析,蒋纬国没有受到重用与他的生活作风和性格有关，蒋介石很传统，他对二儿子的西洋化作风很不满意。

据有关人士透露，兄弟两人的关系早在抗战时就出现矛盾。当时，宋美龄是喜欢蒋纬国而讨厌蒋经国的。这种感情流露也曾经引起了蒋经国的不满。

蒋介石身边的随从人员看到蒋纬国经常出现在蒋介石和宋美龄身边，出入官邸，畅通无阻，警卫人员从来没有阻拦过他。

因此，那些见风使舵的官员，认为蒋介石的二儿子是受宠的，都在靠近他。当时，"老二得宠"或"夫人也喜欢老二"的传说很多，虽说蒋经国是半信半疑，但却从内心来说对弟弟是怀恨在心的。

### "湖口兵变"之谜

据一些国民党元老披露，蒋家父子之间矛盾的升级，始于1964年，导火索是"湖口兵变"。这次"兵变"使兄弟两人的矛盾更加激烈。

兄弟之间出现矛盾与蒋介石有关，说确切点就是与接班人的问题有关。

从蒋介石内心来说，他看中的是亲生儿子蒋经国。虽然宋美龄与他的观点不同，不喜欢蒋经国而偏爱蒋纬国，但也无能为力。

蒋介石对蒋纬国有许多看法，认为他的性格根本不能做接班人。因此，从他对两个儿子的工作安排上是可以看出来的。

蒋经国进入军界就成了"少将"，蒋纬国却只能在胡宗南手下先从"少尉排长"干起。自从蒋介石败走台湾，戴季陶在广州自杀，蒋纬国的地位就发生了突变，不如大哥了。

这里所说的那次"湖口兵变"实际上是一场兵谏，发生的时间是1964年11月21日。

在这一天的上午10点钟，"装甲兵副司令"赵志华"少将"在湖口装甲兵基地，召集"装甲第一师"军官训话。这个司令很有个性，他言辞激烈，当着众人的面批评了政府和军界官员贪污腐化的现象。他在演讲中号召全体部队跟他一起开到台北去造蒋介石的反。当时的"政工主任"张民善是蒋经国的人，他假意参加兵谏，实则将赵司令抓起来了。

这个消息马上传到了时任"国防部副部长"的蒋经国那里，他深感事态严重，立即命令湖口以北的陆军、装甲兵、桃园、台中机场的空军机群进入战备状态，层层戒严，严阵以待。

兵变的赵司令是蒋纬国的部下，是他的亲信，这就被蒋经国抓住把柄了。

出了这么大的事，蒋纬国有口难辩，蒋经国的机会来了，他多次在蒋介石面前说蒋纬国的不是，这下麻烦大了。蒋介石很生气，弄得宠爱蒋纬国的宋美龄也不敢多说什么，她知道，蒋经国是不好对付的。

说实话，蒋纬国早已失宠了，他的官运始终不是很好。他深知自己斗不过大哥，只好将全部心思用在经营自己的领地——装甲兵上，他把装甲兵视为自己的

第八章 "反攻大陆"之谜 **129**

"第二生命"。当时，装甲兵部队势力很大，有他管，别人不敢染指。

蒋经国也没有办法，虽说没有他做不到的事，但在弟弟蒋纬国的装甲部队想插手也是很难的。这是一支特殊部队，人事安排由蒋纬国说了算，他栽培了不少亲信，势力范围很大，许多人虽有意见但也不敢说。

兵变的主角赵志华司令是蒋纬国的得力助手，他怎能脱离干系呢？

兵变发生后，蒋经国开始插手这支部队，蒋纬国虽说已不是"装甲兵司令"，可蒋经国对他仍不放心，但是要完全清除他的势力也是不可能的事。

在这件上蒋介石很生气，蒋经国抓到了把柄，遵照蒋介石的指示处理此事，他因此扳倒了一大批将领。

赵志华被判死刑，后在蒋纬国的活动下改为无期，30多名部下也被解职查办。

蒋纬国为保他的部下，只好为他们求情，他对蒋介石说："事出有因呀！赵志华是有功之人呀！"

蒋介石更加生气，赵志华曾为中共俘虏，后逃到台湾，本应该作为共军"特嫌"处理，只因蒋纬国的保荐，才进入装甲兵，并得到重用。

蒋介石相当生气，他用手杖敲着蒋纬国的头说："这种人你也放心！你真是混账东西呀！我看你也别带兵了，这么相信他人，会误大事的！"

从此，蒋纬国失去了兵权，受到蒋介石、蒋经国的冷落，在"中将"军衔上一干就是十多年，因此，台湾就有蒋纬国的"万年中将"之说。

蒋介石去世后，蒋经国出任"国民党中央主席"和台湾的"总统"，蒋纬国的处境自然不好。

蒋经国上台后军界许多人都升官了，唯独没有提拔自己的弟兄。蒋纬国没有什么实权，仍任"三军大学"副校长兼"战争学院"院长。

蒋经国不重用蒋纬国，许多国民党元老都有意见，宋美龄也有看法，但不在其位，说话是起不了多大作用的。

据说蒋纬国对自己的职务也有意见，这个意见在蒋介石去世前曾流露过，但蒋介石装聋作哑，没有什么表示。

蒋介石在世时没有解决的兄弟矛盾依然存在。

1975年8月，办完蒋介石丧事之后，蒋经国走马上任，蒋介石时代已经结束，宋美龄感到自己留在台湾发挥不了多大的政治作用，便准备赴美静养。她的这一要求，正合蒋经国之意，有她存在使蒋经国在许多事情上是很难办的。

老夫人要走，这在蒋家来说是件大事。就在这一天的家庭聚会上，在宋美龄的过问下，蒋经国才将弟弟提升为"上将"。

蒋纬国终于晋升为"上将"，此事如果不是老夫人过问，也许蒋经国就会"忘记"。据知情者说，在蒋纬国的任职问题上，除老夫人过问外，前"三军大学"校长余伯泉的鼎力相助也是一个重要因素。

余伯泉主动让位,举荐蒋纬国接替自己出任了"三军大学"校长,不当正校长,就不能晋升"上将",这是规矩。

虽说蒋纬国当了"三军大学"校长,成为"一级上将",但他并不买哥哥的账,兄弟两人的关系并没有多大改善,而且在日后的工作中矛盾仍在不断升级。

蒋纬国是校长,他在学校讲演时,谈得最多的是父亲蒋介石的战略思想,根本不谈蒋经国,蒋经国是台湾党政军的最高领导人,蒋纬国这样说也就有"目无兄长"之嫌。

蒋纬国对蒋经国提拔亲信王升很不满,王升被提拔为"上将"时,蒋纬国还是"中将",因此,他公开说:"台湾又出人才了,出了一位没有打过仗的'上将'。"

蒋经国是掌权者,蒋纬国不服不行,这是现实。后来,蒋经国对他乱发议论更加不满,于是,一纸文书,免去了他"三军大学"校长职务,改任"联勤总司令",这个职务是有职无权,光杆司令一个。

蒋纬国是军人出身,他的确是精通战略的将才,但兄弟之争,只能落一个给三军办后勤的差事。兄弟两人在性格和处世作风上格格不入,一个低调谨慎,一个锋芒毕露。

许多人都说蒋经国为人处世是宽厚的,为什么他在对待蒋纬国的态度上会截然不同呢?他的许多做法给人一种心胸狭小,毫无情义的感觉。

# 第九章 晚年从政之谜

## 虔诚的基督教徒

东方破晓，天蒙蒙亮，人们还在熟睡之时，蒋介石就已经蹑手蹑脚地起床了。在自己家里，为什么还要如此小心？原因之一是不想吵醒宋美龄。这对政治夫妻的生活规律是不一致的，蒋介石年轻时入军官学校，后又到日本学习军事，他始终保持着军人习气。早睡、早起，不习惯熬夜，喜欢在白天活动，他的所有日程安排都是在白天进行的，晚上从来不参加任何活动。夫人宋美龄却完全相反，她是社交高手，是官场名人，晚上要经常参加一些活动。

蒋介石起床之时，宋美龄其实才入睡不到两三个钟头。

多年来，他们夫妻之间在生活作息上是不一致的，外人不知道，他们彼此间从来不干预，这就是他们的生活情况。

洗漱完毕，他就开始在阳台上做操、唱圣诗。做体操，唱圣诗通常会用20分钟，之后回书房静坐祈祷。

他是一个很虔诚的教徒，祈祷时有不少规矩：他先是用毛毯把自己膝盖盖好，静坐的第一个步骤是点眼药，一边点眼药，一边用一条白色手帕轻轻擦拭按摩双眼，点完眼药，闭目静坐。

静坐时间大约40分钟。静坐时，口中还念念有词，念着祈祷文。他从来没有计时，但静坐的时间似乎永远不会有误差，有时候连一分钟都不差。

时间到了他就用双手按摩几下双眼，就算完成静坐。静坐有两个目的：一是祷告，一是保养双眼。副官回忆说蒋介石的眼睛总是炯炯有神，这和平时细心保养是分不开的。

做完静坐和祷告之后，他就走进书房做早课。

所谓早课，就是写日记和看报。蒋介石不习惯熬夜，因此，通常是利用一天当中精神最好的早晨写日记，这一点与常人不同。

写完日记，就开始看报纸。他什么报纸都看，像《"中央"日报》《中国时报》《联合报》，都是他每天必看的报纸。早课时，他只看大标题，如果看到他有兴趣的新闻，就会让秘书把某则消息画起来，等他吃早饭的时候再念给他听，给蒋介石读新闻，这也是秘书的一件重要工作。

蒋介石是一个细心人，常常会在演讲场合将看到的消息引用出来，针对问题提出批评，因此，官员们都非常害怕新闻记者，怕自己有什么小辫子被抓住曝光，一经曝光，蒋介石知道的可能性就很大，这就会影响他们的官运。

他是一个虔诚的基督徒，每天早晨唱祈祷诗唱到"天父"或"圣哉、圣哉"时，就会脱帽，向东方行礼。

蒋介石信奉基督教，勤于行礼的习惯外人并不知道，但长年随侍在他身边的侍从人员和国民党的一些高级官员是见过的。

曾任蒋介石高级幕僚的秦孝仪在一篇回忆文章中说："这是蒋公每天必定实行的一项习惯，他的书房陈列了三幅像，一是王太夫人，一是国父，一是耶稣。他每天走进书房，或是从外面归来，必定对三幅像分别行注目礼，同时口中念念有词，那情景令人感动，而他口中默祷的是什么，别人并不清楚。"

用完早餐，大概9点半钟蒋介石就动身到"总统府"上班。通常是当天值副班的副官随车跟着他一起去上班，正班留守在官邸。除了开国民党中常会之外，蒋介石的习惯是每天上午10点钟左右到"总统府"上班。

蒋介石下班的时间不太一定，有时候重要文件多，需要马上处理，下午1点多下班的情况也有。

下班后便直接回官邸吃中午饭。

饭后他有睡午觉的习惯。睡午觉的时间有长有短，大概在半小时到一个半小时之间。午觉醒来，会出去散散步，然后回书房静坐祈祷20分钟，之后就开始办公。

这时所谓办公，无非是看看报纸、剪贴一些他觉得不错的报道，或再处理几件比较紧要的公文。如果有重要的外宾，就在官邸接见客人，当所有的公务处理得差不多，工作人员为他预备茶点，算是下午茶时间。

关于个人信仰问题，蒋介石可谓是中西合璧的典范。当年为了与宋美龄结婚，他没有食言，在宋美龄母亲的督促下，他信了基督教，而且从行为来看的确是很虔诚的，但从骨子里来说，他仍是一个很传统的中国人。

## 事必躬亲的工作作风

蒋介石疑心很重，在许多重大问题上直接指挥，但在一些很小的事情上也是事必躬亲，有时的做法与他的地位和身份的确不相称。

国共和谈失败后，他是国民党军队的最高首长，直接指挥作战，他不仅指挥到战区、兵团、军一级单位，有时还直接指挥到师、团一级单位。越权、越级指挥是他的工作作风，这正说明了他对别人能力的不信任和怀疑。这也正是他败给共产党的一个主要原因。

这种教训，直到晚年他才有所醒悟，遗憾的是醒悟太晚。

凡事都要自己去办，这正是他的工作准则。

听说，如果有外国客人来访，事前的许多准备工作他都会亲自查看，比如说，1958年5月，伊朗国王巴列维即将"访台"前的某日晚上，都10点多钟了，蒋介石仍不放心准备工作，便和宋美龄突然来到"总统府"检查室内布置情况。

当时翁副官就住在"总统府"的值班室里，蒋介石夫妇见此很高兴，当场表扬了一番，其实，他们并不知情，翁元当时是单身汉，住在这里也是图个方便。

他们来了，看了，就得提点意见，蒋介石对会客厅的布置不是很满意，认为太死板，第二天早晨就派人送来了宋美龄的画作布置在客厅内，这样看上去不再单调，显得很有文化情趣。

据他身边的工作人说，蒋介石到台湾后，也喜欢"微服私访"，为什么要这样做呢？其目的是了解实情，检查各级官员的工作作风和办事机关的工作状况。

比如说，1966年夏季的某一天，蒋介石吃过午饭，突然心血来潮，不想休息了，一定要去台北北海岸淡水公路上转转。

卫队接到通知后立即备车，陪他上路了，当车队行至公路旁某师营区边上时，蒋介石突然下令停车，车队只好停止前进。

蒋介石什么也不说，下车后独自沿着山路朝军营走去，当时他身着便服，戴礼帽，远看像个普通商人。营区门口卫兵警惕性很高，认为来者身份不明，也许是坏人，于是举起长枪，瞅着蒋介石大喊一声："站住！你是什么人？竟敢进入军事重地。"

蒋介石仍朝前走，卫兵拉响了枪栓，对着他喊："停止前进，否则我就开枪！"

蒋介石仍不说话，继续往前走，气氛变得紧张起来，这时他的副官才喘着粗气跑过来，指着卫兵说："混账东西！见了'总统'还不敬礼，乱叫什么？"

士兵明白过来了，马上向蒋介石行礼，一个普通士兵，怎么能认出蒋介石呢？他有点害怕了，双腿开始哆嗦。

蒋介石走上前去，没有责备这个卫兵，反而笑着说："你做得对，你是一个很负责的军人！"

卫兵的紧张感消除了，蒋介石询问了他的名字、年龄、籍贯及家庭情况。这个卫兵是有文化的，他干脆利落地回答了蒋介石询问的所有问题。

蒋介石转身离去时，对身边的工作人员说："这个兵素质不错，很有责任心嘛！"

据说，后来，蒋介石在办公室突然想起这个卫兵，派人去考查之后，马上批示有关部门将这个兵提拔为排长。

这就是他的作风，一次不打招呼的出行，却了解了军营的一些实情，还发现了一个人才，一句话就改变了一个普通士兵的命运。

蒋介石"微服私访",常去的地方是军营。事前不打任何招呼,突然出现在连队这种事例很多,据他的副官说,到了军营,蒋介石也不会直接去部队军官的办公室或会议室,而是去厨房、活动室、浴室之类的生活场所看看。

他曾对他的副官说:"我是军人出身,事前打了招呼到部队去,真的东西就看不到了,这些下级军官,也是人精呀!不能小看他们,都会演戏。不打招呼,去了先看看厨房之类的活动场所,就能看出问题,这些地方办得好坏直接反映了部队的纪律状况和士兵的精神生活。"

蒋介石是一个老兵,说的是大实话。

"微服私访"了解真相,解决问题,他的这种做法也赢得了人心。

## 公开露面的真相

自从1969年夏天,蒋介石在电视上露了几次面后就突然消失了。他在电视上露面的目的是给外人一种他的身体仍然很好的印象,其实不然,这时蒋介石的身体状况并不好,患有多种疾病,行动不便,长期在荣民总医院住着。

据说,后来因为政治需要,蒋介石的几次公开露面都是由夫人宋美龄精心安排的。

好几年不公开露面,这就引起了外界的许多猜测。诸多关于蒋介石生死状态的谣言引起了台湾局势的巨大动荡。

怎么办呢?夫人宋美龄着急了,外界离奇的传闻越来越多,这时蒋介石正在荣民总医院进行治疗,身体的确不行了,公开出来露面是不可能的,但他仍活着,为了公开辟谣,就得让病重的蒋介石在公众场合露面。

后来机会来了,那就是蒋介石的孙子蒋孝勇这时要结婚。

蒋家后人结婚当然是件大事,也是一条重要新闻。按照蒋介石老家浙江奉化的旧俗,孙子结婚时要向祖父、祖母奉茶。

这是一个旧礼仪,但却派上了大用场。宋美龄认为蒋孝勇结婚是一个机会,更有政治上可加以利用的价值。于是,她就精心安排在荣民总医院上演了奉茶仪式。

当时蒋介石已经坐不起来了,因为蒋孝勇和方智怡前来奉茶,他必须支撑起来。

这一天宋美龄让人将蒋介石的病房布置一新,搬来了几扇漆黑的画屏作为拍照背景。当蒋孝勇和方智怡乘坐的轿车来到荣民总医院时,蒋介石在侍卫的搀扶下,坚持坐在一张宽大的太师椅上接受蒋孝勇和方智怡对他的"奉茶"。

宋美龄精心安排的"奉茶"仪式只不过用了几分钟时间,对外宣传的这张珍贵照片就拍成功了,这张照片向外界证明,蒋介石仍活着,而且身体很好。

第二天,这张照片就刊登在官方报纸《"中央"日报》上,这一招真灵,的确起到了平息谣传、安定人心的政治效果。

1972年5月20日,对台湾当局来说是一个重大日子,因为这一天"中华民国"第五任"总统"要举行就职典礼。

这种活动对蒋介石来说是活受罪,因为他已经八十多岁了,病魔纠缠,身体非常虚弱,多站一会都会有危险。如果将他的健康状况如实泄露出去,台湾就会出麻烦,这是大事,他不露面不行,怎么办呢?最后,还是宋美龄计上心来。

这个做假的方法其实很简单,只是外人看不出来罢了。

工作人员事先在"总统府"大客厅"总统"站立的地方后边摆了一张沙发,典礼当天,所有官员和贵宾来祝贺时,就让蒋介石挨着那排沙发站着。这个设计的目的就是为了预防他突然站不住,身体突然后倒沙发椅就能发挥作用。

这样做可以使蒋介石靠着后面的沙发站着不觉得很吃力,如果跌倒也不会出现什么危险,这真是一个妙招呀!

那天蒋介石借助后面的沙发站着完成了接见官员的任务,这就给外界造成了他的身体很健康的印象。其实这全是在造假,他的身后摆着抢救用的氧气瓶,也有许多跟班躲在幕后随时待命。

这就是当年他宣誓就职的真相,如果他那天身体不争气,突然跌倒,虽说生命没有危险,但也许就会成为政治笑话。

1973年11月,蒋介石接见国民党十届三中全会主席团时的新闻照片公开发表,这也起到了平息外界猜疑的政治目的。

据知情者透露,这是不得已的,蒋介石当时的身体相当不好,但他身为国民党"总裁",国民党在开中央全会,他怎能不出席?如果蒋介石在这次会议上不露面,那么他究竟是否还健在就成了疑问,就会引起外界猜想。

在这种特殊情况下,宋美龄还是决定让蒋介石在医院病房里接见大会主席团成员,向外界证明,蒋介石仍健在,仍然在控制着国民党大权。

从实际情况来说,当时让蒋介石坐在医院病房接见大会主席团的30多位成员,也不是一件很容易的事,他的心脏不好,危险性很大。

主治医生姜必宁不同意这个决定,他对宋美龄说:"现在情况很不好,怎么能让老先生接见官员呢?"

宋美龄下了决心,谁也改变不了,医生的话她是不会听的。没有办法,工作人员只好在医院筹划蒋介石的接见工作。

难题还是出现了,蒋介石很虚弱,即便让他坐在椅子上面对那些国民党要员,也得摆出一种身体健康、精神健旺的神态来,也得与来人一一握手,但他的右手连抬都抬不起来。

接见时不握手行不行?这当然不行。可以让别人过来握他的手,于是工作人员想出了办法,用一个透明胶带将蒋介石的右手牢牢贴在沙发扶手上,宋美龄尝试了几下,是可以握的,这才算解决了一道难题。

后来,他接见要员时握手的这张照片公开发表了,给人的印象是蒋介石的健康状况还是不错的,其实这都是假象。

蒋介石的第四次公开露面,是在蒋孝武的女儿蒋友松周岁生日的"全家福"上。

当时，刊载在报纸上的蒋介石含笑怀抱重孙女的照片，让不知内情者都产生了错觉，认为他的身体仍然不错。

老人怀抱孩子，幸福自然，人们怎么会从这张照片上看出他正是一个重病垂危的老人呢？这张照片的确达到了很好的宣传效果。

为了这张照片，据说宋美龄和她身边的人员是煞费苦心。蒋介石那无力的手臂根本就不能抱孩子，但宋美龄认为他必须将孩子抱在怀里。

那天，摄影师瞬间抢拍了这张"合家欢"，当蒋孝武刚把孩子放入蒋介石怀里的一刹那，摄影师神速地摁动了快门，几秒钟时间，蒋介石就完成了任务。

蒋介石最后一次露面也是在夫人宋美龄精心安排下完成的。这一次细节是真的，无法作假，因为要会见的是美国"驻台大使"马康卫。

这次公开露面是一件大事，虽说这只是马康卫在卸任前的一次告别，但这是官方活动。如果让蒋介石像前几次那样呆坐在椅子上当然不好。

为了政治需要，蒋介石就得端坐在沙发上，而且还要和客人进行长时间的谈话。宋美龄心里很清楚，她明白马康卫来拜见蒋介石绝不是礼节性的辞行，还有一层含意，那就是借此机会试探蒋介石的身体状况，回国向白宫报告。

因此，这次接见不能只是拍张照片就能了事的。

那时蒋介石已经离开荣民总医院，回到了士林官邸，病情有了一些好转。就在宋美龄决定让蒋介石接见这位美国人的时候，蒋介石的心脏开始出现了间歇性停跳。如果让蒋介石接见马康卫，并进行长时间的交谈，会不会在脱离各种先进心脏监视仪器的情况下，突然发生病变，如果发生了怎么办？

在宋美龄的坚持和精心安排下，蒋介石还是在官邸会见了美国客人，而且在会见的30分钟里，也没有出现什么危险。

事后，医务人员认为这是一个奇迹，因为这是自从他1969年生病躺倒后，第一次坐了这么长时间，而且还不断地回答外国人提出的各种问题。

本来蒋介石是心里没底的，他也怕出事，但在精通英语的夫人亲自陪同下，还是出色地完成了任务。美国客人认为，从蒋介石的面容和言谈上来看，虽说身体是不如从前了，但不会有大的问题。

据说照片发表后，宋美龄在会见外国记者时说："蒋先生的身体一直很健康，外界多年来传说的消息，大多都无事实根据。"

身体好不好自己说了不算，这也是一种政治需要。

## 揭开死亡真相

准确地说蒋介石是1975年4月4日深夜死亡的，享年86岁。

早在两年前，他的健康状况就不好，曾出现过几次险情，经医务人员抢救他还是从死亡线上挣扎过来了。

有关人员透露，晚年蒋介石医疗小组的实力是非常强大的。一位美国友人曾感叹，蒋介石的医务班子是最好的，就连美国总统也无法相比。

尽管有最好的医生，最好的药品，最好的医疗器械，但他还是离开了人世。

据说，病危的老人在临死之前都会出现一个回光返照的情况，这一点在蒋介石身上也得到了验证。

1975年4月4日，蒋经国按照惯例清早就来到士林官邸看望父亲。当时蒋介石的精神状况不错，似乎没有多大危险。他和儿子谈论了一会儿政务后，蒋经国就起身告辞，他对父亲说："我得走了，要去参加纪念张伯苓先生的100岁的诞辰，下午还要参加一些活动，请父亲好好休息吧。"

蒋介石："这个人不可理解呀！当年我派飞机接他到台湾来，他就是不来！"

蒋经国走后，蒋介石的神色要比前几天好一点，看起来不会有什么危险。值早班的医生认为蒋介石气色不错，就回家休息去了，并没有意识到这是一种回光返照现象。

这一天蒋介石的心情似乎很烦躁，情绪很不稳定，也不听医护人员的话，一会儿坐起，一会儿躺下，躺下又想再起来，反反复复许多次。

医护人员说："老先生还是不要动为好。"

蒋介石很不快乐，瞅他们一眼，什么也不说，仍在做着躺下起来的动作，气有点喘，但并没有危险。

晚上，蒋经国来到士林官邸陪宋美龄吃完饭后按惯例向父亲请安，之后父子还谈了几分钟话，蒋介石的脸上露出了倦意，蒋经国起身说："你累了就休息吧！"

临走时，蒋经国对翁副官说："告诉医官给老先生吃几颗镇静剂。"

翁副官明白蒋经国所说的镇静剂是什么意思，其实全是假的，因为蒋介石心脏不好，医生不主张再让他吃安眠药或镇静剂之类的药，以免影响他的心脏，因此就拿维生素之类的药来哄骗，告诉他是安眠药。是不是安眠药，蒋介石并不清楚，这只是起了一种心理上的催眠效果。

医生让蒋介石服下"安眠药"后已是晚上8点多钟，蒋介石的情绪渐渐安静下来。

8点50分左右，医护人员发现，有了异常情况，沉睡中的蒋介石心电图上的心搏曲线不稳定了，忽然变成了一条白线，值班护士立即叫来医生，接着又叫来了许多医务人员实施急救。

值班医生俞瑞璋穿着睡衣抢救了一会儿，没有什么效果，便让护士推来设备实施电击，连续做了多次，那条心搏线仍是直的，心脏一点反应都没有。

医务人员知道不行了，便立即将这个不幸的消息报告给宋美龄和蒋经国。

宋美龄就在官邸，一会儿就过来了。

蒋经国从士林官邸回到七海官邸正要休息，电话铃突然响了，他知道大事不妙，就立刻朝士林官邸赶来。

值班医生马上打电话叫来了正在家里休息的主治医生姜必宁。姜医生赶来后，蒋介石已处于病危状态，脉搏微弱，脸色苍白。他立即进行心脏按压，但没有什么效果，只好打强心针，先后急救了一个小时，但仍然无效。

姜必宁对宋美龄说："老夫人，可能没有太大希望了！"

宋美龄说："再试试吧！"

于是，医护人员又开始抢救，又折腾了一会儿，蒋介石的心脏早已停止跳动，怎么能抢救过来呢？人早死了呀！

蒋经国赶来时，蒋介石已停止呼吸，蒋介石临终时没有留下什么遗言。

蒋经国站在室内壁炉旁边流泪，宋美龄很悲伤，在病榻边默默地站着，现场气氛严肃、忧伤，工作人员在给蒋介石穿衣服，戴假牙。

医生正式宣布抢救无效，开始撤离现场。

值班副官按照宋美龄指示，向有关人员报丧。

过了一会儿，"副总统"严家淦率部分要员来到官邸瞻仰蒋介石遗容，之后开始移灵。

蒋介石的遗体被移到一辆救护车上，在副官们的保护下，朝荣民总医院的冰库送去。

这时已是凌晨一点多钟，说来奇怪，当灵车驶出官邸时，天空突然响起雷声，接着下起了大雨。车队就在滂沱大雨中从士林官邸缓缓开走了，当移灵的车队从士林官邸走到中山北路时雨却突然停止了。

这说明，台湾当局当年正式对外宣布的蒋介石的死亡时间不是准确的，准确时间应该是4日深夜10时左右。台湾当局对外界宣布的蒋介石的死亡时间是半夜12点以后，所以他的死亡时间就变成了4月5日，这其实是国民党军政要员们把蒋介石的遗体移送到荣民总医院冰库的时间，如果这样说的确已是凌晨一点多钟。

还有一个事实应该讲一下，那就是外界对蒋介石突然死亡的心理承受问题。在人们心中蒋介石的身体是不错的，虽说已80多岁高龄，但看上去仍是红光满面。

其实，这是一种假象。据他的贴身卫士回忆，晚年的蒋介石曾请外国人做过一次很大的手术，之后出现了尿血，这是很致命的征兆。如果不是那个一流的医疗小组成员共同努力，也许他活不了那么长时间。但外人不知道真相，为什么要封锁有关蒋介石健康状况的消息呢？不难理解，这是一种政治需要。